# 给孩子一个好性格

张岩 / 著

天津出版传媒集团
天津科学技术出版社

图书在版编目（CIP）数据

给孩子一个好性格 / 张岩著 . -- 天津：天津科学技术出版社 , 2021.7
　　ISBN 978-7-5576-9050-2

　　Ⅰ . ①给… Ⅱ . ①张… Ⅲ . ①性格 – 青少年教育 – 家庭教育 Ⅳ . ① G782

中国版本图书馆 CIP 数据核字（2021）第 068553 号

给孩子一个好性格
GEI HAIZI YIGE HAOXINGGE

| | |
|---|---|
| 策划编辑： | 杨　譞 |
| 责任编辑： | 张　萍 |
| 责任印制： | 兰　毅 |
| 出　　版： | 天津出版传媒集团<br>天津科学技术出版社 |
| 地　　址： | 天津市西康路 35 号 |
| 邮　　编： | 300051 |
| 电　　话： | （022）23332490 |
| 网　　址： | www.tjkjcbs.com.cn |
| 发　　行： | 新华书店经销 |
| 印　　刷： | 北京市松源印刷有限公司 |

开本 880×1 230　1/32　印张 8　字数 160 000
2021 年 7 月第 1 版第 1 次印刷
定价：36.00 元

# 前言

孩子健康成长，离不开良好性格。良好的性格是孩子一生巨大的内驱力，在艰难坎坷、困难重重的人生旅途中，只有那些性格坚强、乐观、自信、一往无前、勇于创造和耐得住寂寞的人，才有希望到达成功的彼岸。良好的性格也是孩子人生幸福的重要保障。面对顺境、逆境、成功、失败、挫折和打击……只有优良的性格才能让孩子保持良好的心态，以宽容、感恩、乐观的心态面对人生的一切，坦然接受人生的赐予。

好性格，不仅能让一个人从内而外散发出一种独特的人格魅力，从而赢得他人的尊重和信任，而且能够从根本上改变一个人的行为方式和处世态度，最终提高自我生活品质，甚至成就一番伟业。如果一个人的性格是健康的，他的人生也会是成功、快乐和幸福的；如果一个人的性格是病态的，那么他的人生也会是失败、痛苦和忧伤的。如果孩子想让自己摆脱平庸，创造辉煌，步入杰出者的行列，就必须努力改变自己的不良性格，注重培养良好性格和品质。

俗话说："江山易改，本性难移。"人的本性是比较难改变的，但并不是不能改变。人的性格的形成，有先天遗传因素，但更多的是后天环境的影响。每个人的性格特征中都有好的因素，也有不良的特征，要善于正确地自我评估，好的使之进一步巩固，不足的努力改造，取长补短。久而久之，就能使不良性格特征得到克服和消除，良好的性格特征得到培养和发展。

很多年轻父母并不缺乏教育孩子的理论知识，但是体现在实践中，效果往往难以令人满意，原因就在于理论和实践之间有一定的差距。本书不仅介绍科学的观念，也讲解经典的案例，通过理论和实践的相互融合和促进，帮助父母更好地提升实际操作能力。引导孩子剖析自己的性格，从而找出并克服自己的性格缺陷，优化、打造性格，使之成为成功的资本。无论是内向还是外向，无论是刚毅还是柔弱，无论是叛逆还是顺从，每个孩子孩都可以从本书里找到自己掌握命运的钥匙。

只要孩子能认识自己的性格特质，发现自己的性格潜力，就能为自己的人生导航，成为自己命运的舵手，拥有美好人生。

目录

## 第一章 DIYIZHANG
## 性格对了，孩子一辈子就对了

好性格，孩子受益一生的正能量　/2
自信，孩子成功的"第一资本"　/6
勇敢坚决，助孩子叩响成功的大门　/8
积极乐观的孩子人见人爱　/13
宽容豁达，让孩子的舞台更宽广　/18
天真活泼的孩子惹人爱　/22
礼貌待人是孩子的通行证　/28
顽强和执着是搏击风雨的盾牌　/31

## 第二章 DIERZHANG

## 好性格父母造：做孩子的性格塑造师

健康性格，父母给孩子最好的礼物　　/38
给孩子高质量的爱，好性格是教出来的　　/43
好性格父母造，好父母胜过好老师　　/48
成长中的孩子也有九型人格吗　　/52
确定孩子性格，发现性格优势　　/54
性格各有优势，家长不必强求　　/59
按天性生长，更容易长成大树　　/61


## 第三章 DISANZHANG

## 教出自信乐观，让孩子遇见最棒的自己

让快乐陪伴孩子左右　　/64
接受鼓励是孩子成长的重要内容　　/69
不要挖掘温柔的"陷阱"　　/74
自卑和自信仅一步之遥　　/76
努力成为自己心目中的"英雄"　　/79

相信自己是最棒的　　/82
自信多一分，成功多十分　　/86
心是乐观的，世界就是美好的　　/89
保持乐观，人生会变得更顺利　　/92
正面管教，养出小小"乐天派"　　/95

第四章 DISIZHANG
## 善良和爱是好性格的根，成长道路上的灯

父母是孩子爱心的直接播种者　　/100
善良的心，就是黄金　　/104
善良是源于内心的一股山泉　　/108
帮助别人，等于帮助自己　　/110
让自己有一颗仁爱心　　/113
感恩使人间充满真情　　/116
给孩子一颗包容的心　　/120

## 第五章 DIWUZHANG

## 藏起一半爱，独立自主的孩子路更长

"甩手"父母教会孩子独立自强　/124
给孩子更多的信任与理解　/129
勇于表达，就成功了一半　/132
在鼓励中成长的孩子更独立　/136
把孩子当强者看，他就是强者　/138
切忌"一帮到底"，孩子的路让他自己走　/143
社交不是"独角戏"，教孩子做个"社交达人"　/146
世上没有懒孩子，让孩子学会自己解决问题　/150

## 第六章 DILIUZHANG

## 成长是一种责任，敢担当的孩子才有未来

勇于承担是"长大"的标志　/156
责任心成就孩子的一生　/159
对小事负责才能担当大任　/162
责任胜于能力，让孩子扛起责任的大旗　/165

责任感教育：别让孩子赢得了输不起　　/171
帮孩子丢掉依赖，请适当"袖手旁观"　　/175
学会道歉，别做责任感的逃兵　　/178

第七章 DIQIZHANG

## 爱不能全是甜的：让孩子在挫折中学会坚强

抗挫折能力：让孩子受益一生的力量　　/184
挫折是大自然的计划　　/187
学会把挫折燃烧成动力　　/191
挫折是强者的起点　　/194
坚韧是一种精神　　/197
坚定信念，坚忍不拔　　/201
认定了就风雨兼程　　/204
学会从失去中获得，不要放弃人生的希望　　/207

第八章 DIBAZHANG

## 霸道孩子没人爱，学会分享才能快乐成长

独占不意味着拥有，让孩子学会与人分享　　/212
孩子不善解人意怎么办　　/215
点燃孩子乐于助人的热情　　/220
帮孩子拔除嫉妒的毒瘤　　/225
让孩子明白 1＋1＞2 的道理　　/230
学会自己经营"朋友圈"　　/235
以友爱的精神对待所有事物　　/239

# 第一章 性格对了,孩子一辈子就对了

## 好性格，孩子受益一生的正能量

　　一个健康的孩子就好比一棵树，必须以善良为根，正直为干，丰富的情感为蓬勃的枝丫，这样才能结出美丽善良的果子。善良的情感及其修养是人道精神的核心，必须在童年时悉心培养，否则就不会有效果。

　　一个人最重要的素质之一就是爱心，它可以说是人性的基础。一个没有爱心的人，就是一个冷漠的人，一个与社会脱节的人。而爱心的产生，则基于个体社会情感的需要，它也不是与生俱来的品质，而是一种在后天的环境和教育的熏陶下逐渐形成的习惯性心理倾向。

　　孩子可以被看作是一面镜子，给他们爱，他们会报之以爱；无所给予，他们便无所回报，无条件的爱得到无条件的爱的回报，有条件的爱得到有条件的爱的回报。

　　因此，不管你怎样把净化和丰富精神世界的活动引入家庭生活，记住，有一点是最重要的：如果你的内心没有爱，就不可能给别人爱。父母首先要做的是，要让内心世界充满爱，这样你才有多余的爱给别人，才能培养引发你们的孩子来自内心的爱。

父母应该让孩子理解，无附加条件地服务于他人，就是不要任何回报的服务和爱的给予。学会把孩子看作是与你脱离的、独立的人去爱他们，你的职责是把他们变成与你一样的人，即让他们通过自己的努力成为对社会有用的人。

古今中外，爱心被认为是一个人的基本道德和社会的灵魂。孔子说"仁者爱人"，孟子讲"王道"，他们都是以爱为核心的。费尔巴哈说："新哲学建立在爱的真理上，感觉的真理上。""爱是存在的标准——真理和现实的标准，客观上如此，主观上也是如此。没有爱，也就没有真理。"由此，以爱为基础的新哲学建立了。

那么，应该怎样来培养孩子的爱心呢？

### 1. 热爱动物，热爱生命

我们时常会看到这样一些情景：孩子在逛街时，迎面跑过来一只小狗，孩子会情不自禁地抚弄小狗，眼里流露出爱怜的神情。像动物园、公园这些场地，往往是孩子们的天下，孩子们在这里会和小动物们嬉戏、玩耍，并且会觉得快乐异常，显现出爱的天性。

相反，我们也会看到一些搞恶作剧的孩子，他们抓住小猫、小狗的尾巴，听到它们悲惨的嚎叫而开心不已，这些都是他们没有爱心的表现。

西方国家大多制定了法律，禁止虐待小动物，目的是用法律抑制残忍。英国有句名言："爱我者爱我的狗。"把狗等同于人，借用小动物启迪孩子的爱心，是最直观和便捷的方法。现代社会掀起"宠物热"，并非全是精神空虚，它也是人类在人情淡薄的后工业社会中，借用宠物培育爱心，呼唤美好人性的一种表现。

### 2. 帮助孩子克服自私自利的性格

"我的""给我""我要"这是小孩子最常说的几个词。可见，小孩子的自我意识很强烈，这往往被用来证明"人生来是自私的"。

诚然，人有自私的一面，自私属于动物的普遍共性，但并非不可改变。婴儿学会的语言中，最早还有"爸爸""妈妈"这些词，说明婴儿最早感受到的他人便是父母。父母的爱是无私的，父母精心呵护孩子，让孩子最先感受到人间的温暖。

父母之爱是无私的奉献，历来为人们讴歌，但切不要把它当作对孩子的馈赠，否则便成了溺爱，反而会助长孩子的自私心理。

### 3. 给孩子做关心别人的榜样

言传身教，榜样的力量是无穷的，也是最有效的。要使孩子富有爱心，父母必须从自己做起，从孩子一生下来就开始做。

当代著名的社会生物学家威尔逊，有一次意外地发现一个有趣的现象：

一只雌性的成年斑鸠在看到一只狼或者其他食肉动物接近它的孩子的时候，便会假装受伤，一瘸一拐地逃出穴窝，好像它的翅膀折断了。这时，食肉动物就会放弃攻击小斑鸠转而攻击成年斑鸠，希望能够捕食这只"受伤"的猎物。

一旦这只成年斑鸠把这只食肉动物引到一个远离穴窝的地方时，它就会振翅飞走。这种方法往往能够取得成功，当然，有时也会遭到不测。

斑鸠就是用这种富有爱心的举动来保护幼小的斑鸠，使它们能够活到成年，繁殖后代。而小斑鸠在耳濡目染成年斑鸠的做法后，也会仿效。由此可见，爱心是一种后天强化的行为，只要父母提供榜样，孩子就会模仿。因此，父母在有意识地对孩子进行爱心教育的同时，更要以身作则，通过自己的言行来对孩子起示范作用，在家庭中营造爱的氛围，感染孩子的心灵。

### 4. 移情训练

爱心培养还需要移情训练，可以经常让孩子把自己痛苦状态时的感受与别人在同样情境下的体验加以对比，体会别人的心情，这样可以让孩子学会理解别人，学会移情。

例如，看到小朋友摔倒了，可以启发孩子："想想你摔倒时，是不是很疼？小弟弟一定很难受，我们快去扶起他，帮他擦擦脸。"这样，孩子的同情心不知不觉就培养起来了。

### 5. 培养孩子的同情心

同情他人是爱心的一种体现。缺乏同情心的孩子只关心自己，只顾自己的快乐，而无视别人的痛苦，甚至会把自己的欢乐建立在别人的痛苦之上，这种孩子是很可怕的。有同情心的孩子往往比较会关爱他人，因此，父母要在生活中培养孩子的同情心。

父母可以为孩子创造一些和人交流的机会，在交往的过程中，孩子能亲身体验到别人的感受和想法，这样有利于同情心的培养。比如，许多大城市中组织的"手拉手"活动，是在城市和贫困地区的孩子之间建立起来的互助合作，让城市孩子真切体会到农村孩子没有书包、没有书本、没有橡皮的感觉,父母可以鼓励孩子多参与这样的活动。

### 6.让孩子了解一些生活的真实情况

父母们总是担心孩子吃苦头,担心孩子遭受挫折。尽管父母自己面临着许多生活的曲折和坎坷,尽管父母有许多不快乐和情绪不稳定,但父母们总是竭力在孩子面前保持镇定。父母总是希望孩子不要过早地承受生活重担,其实这是错误的。事实上,父母要学会与孩子成为朋友,要学会让孩子了解一些生活的真实情况。有些父母总是自己累死累活,而对孩子的各种要求却无条件地满足,这样孩子就会越来越缺乏爱心。

父母是孩子最直接的教育者,应该把自己的辛劳告诉孩子,让孩子明白父母之爱的伟大,懂得父母为了自己的成长做出多么大的牺牲。这样,孩子便会体谅父母,不再心安理得地接受父母的伺候。有机会也让孩子学习照顾父母、长辈,明白爱心是相互交流的,不只是单方面的索取。创造一个富有爱心的家庭气氛,能克服孩子的自私心理,让孩子养成关心别人的习惯。

# 自信,孩子成功的"第一资本"

自信心对一个人一生的发展所起的作用,无论在智力上还是体力上或是处世上,都有着基石性的支持作用。自信心在人的各种能力的发展上产生一种主动积极性，进而刺激人的各项感官与功能及其综合发挥起着决定性的作用。自信心就像人的能力催化剂，将人的一切潜能都调动起来，将人的各个部分的功能推到最佳状态。而高水平的发挥在不断反复的量的积累基础上，巩固成为人的本能的一部分，将人的功能提高到一个新层次新境界。一个人的成长路线如果是沿着这样的积极上升式进行，可以想象其积累效果是十分可观的。在许多伟人和我们周围的优秀人身上，我们都可以看到这种超凡的自信心，正是在这种自信心的驱动下，他们才既能大胆实践，又能异想天开，纵横捭阖，积极进取，百折不回，获取最终成功。

　　我们的家长常持这样一种态度："你还小，你懂什么？让我来教你，你要照我说的去做。"我们常常低估了孩子的自我观察和学习能力，因而经常为孩子的出人意料的聪明举动感到惊讶。但在赞叹自己孩子聪明的同时，仍不能打破成见，以客观的眼光去发现孩子的智慧，而沉迷于自己的导师地位。哪里知道我们的孩子没有被既定的理论与观点"点拨"过，他们思路开阔，常对事物有惊人的理解与洞察力，我们的孩子聪明得很，有时显示出比我们成年人高明得多的见解。只可惜我们的家长并无心去思考孩子的意见，不准备接受孩子的认识有时比我们高超这一事实，在迫使孩子们接受我们的观点的同时，大大地打击了他们主动探索世界奥秘的积极性和自信心。"你怎么有这么多的问题，真麻烦，大人哪有那么多的时间陪你去探讨问题。"干脆买一本相关的书应付了事。我们希望自己的后代是有头脑，会独立思考的人才，但没有自信心的支持，就很难培养出真正独立、有开拓精神的人才。

## 勇敢坚决，助孩子叩响成功的大门

一个孩子在山里割草，被毒蛇咬伤了脚。孩子疼痛难忍，而医院却在远处的小镇上。孩子毫不犹豫地用镰刀割断受伤的脚趾。然后，忍着剧痛艰难地走到医院。虽然少了一个脚趾，但孩子以短暂的疼痛保住了自己的生命。

上面这个故事看似简单，实际上却蕴含了很深的道理。故事中的孩子果断地舍弃了脚趾，以短暂的痛苦换取了整个生命。在某些特定的时刻，只有果断地舍弃，才有机会获取更大的利益。

德国伟大的诗人歌德说过这样一句富有哲理的话："长久地迟疑不决的人，常常找不到最好的答案。"我们的老祖先也给过我们这样的教训："当断不断，反受其乱。"决策果断是一种宝贵的人格品质。然而，在现实生活中却有很多人因缺乏这种优秀品质，在关键时刻迟疑、拖拉、犹豫不决，终致错过成功的大好时机而以失败告终。

很多父母也知道培养孩子果断性格的重要性，但往往还不能明确界定孩子的某些行为是不是优柔寡断，是不是缺少主见。

比如，很多父母都喜欢问孩子："爸爸好，还是妈妈好？"孩子可能会回答："爸爸好，妈妈好！"刚开始，父母听了可能还会很高兴，觉得孩子聪明乖巧，年龄不大就懂得不厚此薄彼。可是久了，父母可能就会发现，对于这样的孩子，当你问他两样东西哪样好时，他也总是回答这个好，那个也好。这其实就是孩子没主见的表现。

那么，做父母的要怎样做，才能改正孩子这种对待事物的方式，养成遇事果断选择，有主见的性格呢？专家给父母们提了以下一些建议：

### 1. 让孩子明白鱼与熊掌不可兼得

很多孩子跟妈妈一块儿逛超市的时候，总是这也想要，那也想要，妈妈不给买，就大哭大闹。这跟父母平时溺爱孩子，什么都由着孩子有关。父母的这种行为使孩子养成了不懂得取舍的习惯。因为孩子觉得，自己要什么就会得到什么，至少哭闹之后就会得到自己想要的东西，那为什么还要取舍呢？全都要岂不更好？

对于孩子的这种想法，父母一定要及时加以引导和改变。平时，父母可以经常要求孩子做出唯一性的选择。比如，父母可以拿着苹果和香蕉问孩子吃哪个，并提醒他只能选择一个。对于孩子模棱两可的回答，要提出批评，而如果孩子做出了果断的决定，则要给予表扬。时间长了，孩子就会懂得鱼与熊掌不可兼得的道理。

## 2. 让孩子自己做选择

每次和孩子上街的时候，在经济许可的范围内，尽量让孩子自己挑选所需的物品。这时孩子会非常高兴，主动性极强。而对于孩子要买的众多物品，父母要提前规定他可以选取的数量，否则以后就不带他出来买东西。这样做，尽管孩子心有不愿，但慢慢地，孩子就会变得果断起来，因为他已知道果断地选择几件，总比什么都得不到要强得多。

## 3. 尊重孩子自己的决定

给予孩子做决定的机会，可以培养孩子的果断性。所以，日常生活中，父母要给孩子发表意见的机会，并支持孩子合理的决定。切忌对孩子的生活做出全方位的强制规定。

例如，父母可以以征求意见的方式，让孩子决定是买变形金刚还是买小汽车？星期天活动的内容，是逛公园还是打电子游戏？

父母这样做可以使孩子觉得自己也有做决定的权利，在这种感觉的作用下，孩子往往就会拿出自己的果断来。

## 4. 引导孩子迅速做出合理的决定

未经深思熟虑就做出决定是鲁莽冲动，而深思熟虑后迟迟不能决断则是优柔寡断，这两种行为是与果断相对立的。父母既要教会孩子仔细思考，审慎地做出选择，又要引导不能决断的孩子尽早做出决定。

父母可以给孩子讲有关鲁莽冲动、优柔寡断和坚决果断的故事，让孩子自己说出哪种性格好。遇到具体的问题，也要让孩子说出怎样做才是对的，并果断地付诸行动。

### 5. 督促孩子坚持自己的决定

果断的品质还包含着做出决定后把决定贯彻到底的素质，即对孩子毅力方面的要求。

父母可以在孩子做出决定之后，与孩子达成口头或书面的协议，规定明确的奖赏与惩罚条款。当然，惩罚条款一定要由孩子自己提出，父母只要觉得合理，就要严格监督孩子执行。

### 6. 让孩子变得更自信

对自己充满自信的孩子是不会犹豫不决的。帮助孩子克服优柔寡断的最好办法是让孩子肯定自己的能力，坚信自己什么都能干。

在幼儿园里，当老师提出一个问题的时候，有些孩子总爱悄悄地和旁边的小朋友交流，明显地表现出缺乏自信。而当老师问他："××，你知道吗？"他会点点头，但眼睛仍在左顾右盼，顾及周围人对他的看法。

有些孩子过于敏感，凡事都会想很多。在行动之前总是会有长时间的权衡，以他自己的角度来考虑行为的后果，结果造成了孩子的欲做还休，犹豫不决，缺乏果断的判断力，从而产生不自信的表现。比如，有个孩子在妈妈接他放学回家的路上对妈妈说："妈妈，今天小朋友都去围着老师呢。""那么你呢？""我也想，可是已经没有位置了。""好，下次你第一个上去好不好？""好的。可是别的小朋友也会没有位置的。"

对于这一点，做父母的应该尽快寻找突破口，帮助孩子改变这种心理状态，千万不要把它归咎于孩子的个性置之不理。父母平时应给孩子较多地鼓励和认可，当孩子犹豫不决或打退堂鼓的时候，告诉孩子："你会干好的。没问题。爸爸妈妈都相信你！支持你！宝贝，去吧！"这样给孩子打气，孩子有了信心，自然也就不会犹豫不决了。

**7. 不要对孩子犯冷热病**

日常生活中，年轻的父母常会因各种事情的影响而产生心理波动。心境好时，对孩子亲近爱怜，关怀备至；心情不好时，会对孩子训斥打骂，往孩子身上撒气。父母随着自己心情好恶的变化而对孩子忽冷忽热，会对孩子的身心健康产生很大的影响。

父母对孩子的态度不同，孩子不能完全明白。当孩子没有做错什么事，却受到父母的冷遇或训斥，父母的反复无常会使孩子感到莫名其妙，有时又感到万般委屈，在父母面前无所适从。久而久之会就造成孩子在言行上优柔寡断，遇事六神无主。

作为父母，不管自己的心情好坏、空闲还是忙碌，对孩子都要一如既往，该指导的时候悉心指导，该关心的时候体贴关心，使孩子觉得父母永远爱自己，关心自己，从而给孩子一种稳定感、安全感和信任感。孩子有了坚强的后盾，往往就会有果决的底气。

另外，父母培养孩子果断的品质，要因孩子的年龄、性别等的不同而区别对待，千万不要认为那些成功的教育方法对自己的孩子就都是适用的。

## 积极乐观的孩子人见人爱

美国有一对兄弟,一个出奇的乐观,一个却非常悲观。

有一天,他们的父母希望兄弟俩的性格都能改变一些。于是,他们把那个乐观的孩子锁进了一间堆满马粪的屋子里,把悲观的孩子锁进了一间放满漂亮玩具的屋子里。

一个小时后,他们的父母走进悲观孩子的屋子时,发现他坐在一个角落里,一把鼻涕一把眼泪地在哭泣。原来,他不小心弄坏了玩具,怕父母会责骂自己。

当父母走进乐观孩子的屋子时,却发现孩子正在兴奋地用一把小铲子挖着马粪,把散乱的马粪铲得干干净净。看到父母来了,乐观的孩子高兴地叫道:"爸爸,这里有这么多马粪,附近肯定会有一匹漂亮的小马,我要给它清理出一块干净的地方来!"

这个乐观的孩子就是后来的美国总统里根。他从报童到好莱坞明星,再到州长,直至当上了美国总统。这中间,乐观的性格起到了很大的作用。

乐观是孩子对未来充满信心和希望而又不断进取的个性特征。孩子对那些能够满足自己需要的事物或对象,会产生一种积极的情绪体验,而对无法满足自己需要的事物则会产生消极的情绪体验。乐观的性格是孩子应对人生中悲伤、不幸、失败、痛苦等不良事件的有力武器。如果孩子无法乐观地面对人生,就会意志消沉，对前途丧失信心，而且长此以往，还会损害身体健康。

值得庆幸的是，孩子乐观的性格是可以培养的。早期诱发理论认为，人的性格是在后天的环境中逐步形成的，乐观的性格可以通过实践逐步培养，悲观的性格也可以在实践中逐步被改塑。

那么，应该怎样来培养孩子乐观的性格呢？

**1. 引导孩子摆脱困境**

每个孩子都会碰到不称心的事情，即使天性乐观的孩子也是如此。当孩子遇到困境时，父母要多留心孩子的情绪变化。如果孩子闷闷不乐，父母无论多忙，也要挤出一点时间来和孩子交谈，教育孩子学会忍耐和坚强面对，鼓励孩子凡事多往好的方面想，不要尽往消极的方面想。

6岁的乐乐已经上幼儿园大班了。一天，妈妈从幼儿园接乐乐回来时，就发现乐乐有点闷闷不乐。

妈妈问道："乐乐，今天幼儿园有什么高兴的事呀？"

"今天一点都不好玩。"乐乐不高兴地回答。

"为什么呀？出了什么事吗？"妈妈问道。

"今天幼儿园来了一个新同学，他很会说话，老给同学讲好笑的事情，同学们都不理我了！"原来，乐乐今天在幼儿园受到冷落了。

"那不是很有意思吗？以后，你每天都可以跟这样一个会说笑话的人玩了，你不高兴吗？"妈妈引导乐乐。

"可是，同学们都不理我了呀！"乐乐有些着急了。

"只要你和同学们一样与那位新同学一起玩,你们不是都可以玩得很开心吗?其他同学还是会跟你一起玩的呀!是不是?"妈妈问道。

"嗯,好像是。"显然,乐乐同意了妈妈的看法。一路上,乐乐又恢复了往常的快乐。

父母一定要注意观察孩子的情绪,只要孩子愿意与父母沟通,父母就要引导孩子把心中的烦恼说出来,这样,烦恼很快就会消失,孩子也会恢复快乐。当然,父母也可以帮助孩子克服一些困难,教孩子以正确的态度和措施来保持乐观的情绪,这些都是促使孩子摆脱消极情绪的好方法。

**2. 父母自身要乐观**

父母在教育孩子的过程中,自己首先要乐观。父母在工作、生活中同样会遇到各种困难,如何处理会直接对孩子产生影响。如果父母能以身作则,在面对困境、挫折时保持自信、乐观的心态,孩子也会受父母的影响,在遇到困难时,乐观地去面对。

平时,父母应该多向孩子灌输一些乐观主义的认识,让孩子明白,令人快乐的事情总是永久的、普遍的。不愉快的事情只是暂时的,不具普遍性。只要乐观地对待,生活仍然是美好的。

例如,碰到周末要加班去,就要对孩子说:"今天妈妈要去公司加班,这表明妈妈的工作很忙。" 孩子会觉得妈妈很能干,在公司是核心人员。而不要对孩子说:"该死的,妈妈今天又要加班去。" 因为这样孩子会觉得你是不得不去加班的,这就给孩子留下了不快乐的阴影。

### 3. 不要对孩子"抑制"过严

许多孩子不快乐主要是因为他们没有自由。父母的溺爱，往往会抑制孩子们的一些行为和举动，甚至替孩子包办一些事情，这样，孩子什么事都不用做，也就无法从中得到乐趣。

美国儿童教育专家认为，要培养孩子乐观开朗的性格，就不要对孩子"抑制"过严，而是要允许孩子在不同的年龄段拥有不同的选择权。

例如，对于两三岁的孩子，应该允许他自己选择早餐吃什么，什么时候喝牛奶，今天穿什么衣服；对于四五岁的孩子，应该允许他在父母许可的范围内挑选自己喜欢的玩具，选择周末去哪里玩；对于六七岁的孩子，应该允许他在一定的时间内选择自己喜欢看的电视节目，什么时候学习等；对于上小学的孩子，应该允许他结交朋友，带朋友来家里玩等。

一般来说，只有从小就享受到"民主"的孩子，才会感受到人生的快乐。因此，聪明的父母不妨做个"懒惰"的父母，让孩子自己去选择、处理自己的事情。

### 4. 允许孩子自由地表现悲伤

孩子在遇到困境时，往往会表现出悲伤。父母应该允许孩子自由地表现悲伤。如果孩子在哭泣的时候，父母要求孩子停止哭泣，不能表现出软弱，孩子就会把心中的悲伤积聚起来，久而久之，反而造成孩子的消极心理。

对于孩子表现出的悲伤或软弱，父母不要呵斥，应该让孩子尽情地发泄心中的郁闷，孩子发泄够了，他自然会恢复心情的平衡。当然，如果孩子需要父母的帮助，父母应该及时安慰孩子，用相同的心理去感受孩子的情绪，努力引起孩子的情感共鸣，从而缓解孩子的不良情绪。

### 5. 对孩子进行希望教育

乐观的孩子往往对未来充满了希望，悲观的孩子则往往觉得没有希望。因此，父母要对孩子进行希望教育。希望教育是一项细致的工程，需要父母及时地感受到孩子的沮丧和忧愁，帮助孩子驱散心中的阴影。

平时，父母要多引导孩子看到自己的进步和成绩，鼓励孩子想象自己的美好未来，让孩子对自己的未来充满希望。只要孩子对未来充满了希望，孩子必定会以乐观的心态去面对生活中的事情。

### 6. 丰富孩子的精神生活

丰富孩子的精神生活可以使孩子把注意力转移到其他事情上。

一方面，父母要鼓励孩子广泛阅读，让孩子在阅读中增加知识，升华思想。可以选择阅读伟人的故事、童话、小说等文学作品。

另一方面，父母要鼓励孩子多交朋友，为孩子创造与同龄人交往的机会，如带孩子到邻居家串门，邀请其他孩子到家里来玩等。

另外，父母可多搞一些活动，如带孩子外出游玩；也可让孩子做一些创造性的活动，如利用废物制作小作品，通过丰富孩子的精神生活，让孩子在各种活动中体会生活的乐趣，增强对生活的信心，培养孩子乐观的性格。

## 宽容豁达，让孩子的舞台更宽广

宽容体现了一个人的素养与气度，表现了一个人的思想水平。教孩子学会善待他人的短处，这样孩子才可以与他人和睦相处；教孩子学会宽容对待他人的长处，可以使孩子不妒忌，从而不断地取得进步。

宽容是一种美德，它像催化剂一样，能够化解矛盾，使人和睦相处。诸如"退一步天高地阔，让三分心平气和""大肚能容，容天容地，容天下难容之事；开口便笑，笑古笑今，笑古今可笑之人"，这种不注重表面形式的输赢，而注重思想境界和做人水准的高低的行为是高尚的。正如有位哲人所说："宽容是需要智慧的。"

现在的孩子大都以自我为中心，不管发生什么事情，很多人首先想到的是自己，而不是别人。如果别人做错了事，根本没有一点宽容之心，往往会逮住他人的缺点不放。

某青少年研究中心，曾经对中小学生做了一次抽样问卷调查。

其中，有一个问题是这样的："当你讨厌的同学需要你的帮助时，而且你能帮助他，你会帮他吗？"对于这个问题的回答，表示愿意的小学生、初中生和高中生分别是59.8%、41.7%和37%。由此可见，虽然不少孩子对于他人的主动求助表示愿意帮助，但是，从小学阶段到高中阶段，表示愿意帮助他人的人数是递减的。在调查中，还有一个问题是这样的："对于过去欺负过你或严重伤害过你的人，你会怎么办？"对于这个问题，只有29.9%的学生表示会原谅他，有近24%的学生表示很难原谅或绝不原谅，其余的学生则表示原谅但不忘记。从中我们也可以看出，能够主动宽容别人的孩子实在太少了，而事实上，宽容是一种重要的美德。

作为父母，应该充分认识到宽容对于孩子来说不仅是一种待人准则，而且能够保护心理健康。现代科学揭示，宽容有利于一个人的健康长寿。美国密歇根州立大学的研究人员进行的一项研究发现，当人们想要报复他人时，血压会明显上升；而在宽容他人时，血压则显著下降。因此，父母一定要培养孩子宽容的心态。

那么，怎样让孩子学会宽容呢？

### 1. 不要把世俗的毛病传染给孩子

父母最好不要在孩子面前以自己的眼光议论其他小朋友的缺点，这样容易让孩子对其他小朋友过于挑剔。相反，父母要尽可能表扬其他小朋友的优点，让孩子明白每个人都是有优点的，不要使自己的孩子产生一种以自己为中心的思想，这非常不利于培养孩子宽容的心态。

父母尤其不要对某些人和事物有偏见，更不要把这些偏见在孩子面前表露出来，从而让孩子在潜意识里也受到这种偏见的影响，而对这些人和事物有偏激的看法。

当孩子的小伙伴来自己家里时，父母对其他小朋友的态度不要过分冷落，也不要过分热情，尤其要教育孩子尊重小伙伴，让孩子平等地与人交往。

### 2. 教孩子换个角度看问题

不管什么时候，父母都可以教孩子学会从别人的角度来看待问题，让孩子把自己置于别人的位置，设身处地地站在别人的角度来思考问题。

在日常生活中，父母要鼓励孩子参与多元化的活动。无论孩子年纪多么小，都要鼓励他接触不同种族、宗教、文化、性别、能力和信仰的人，这有利于孩子与不同的人坦诚相待，遵从规则，平等竞争。

### 3. 教孩子善待他人

"要想公道，打个颠倒。"宽容是一种美德，在生活中，即使别人错了、无礼了，你若能容忍他人、宽容他人，同样能获得信任和支持，同样能得到别人的友善相待。

在教孩子善待他人的时候，父母可以通过角色互换的方法让孩子摆脱以自我为中心的不良想法，学会心中有他人，宽容他人。父母应该教孩子对其他小朋友多一点忍让，多一份关心，这样别人也会遇事宽容自己，体谅自己，为自己着想。事实上，只要孩子学会了宽容，他就会赢得朋友，就会真正体会生活的快乐。

### 4. 父母要起表率作用

父母本身具备的品德，一般在孩子身上都可能找得到。因此，父母首先要为孩子创造一个良好的家庭环境。一个整天吵闹不休的家庭，是很难造就出一个具有和蔼品质的孩子的。父母对他人的热情、平等、谦虚等处世原则和行为，是孩子最好的直观而生动的教材，会在潜移默化中培养出孩子尊重别人、爱护别人和谐相处的良好品行。

### 5. 创造一个和谐的家庭环境

让孩子生活在一个宽容友爱、温馨和谐的家庭环境中，用父母的言行影响孩子，这样，孩子就会逐步形成一种持久的宽容忍让的善良品质。

孩子的宽容心是一种非常珍贵的品质，它主要表现在对别人过错的原谅。这种感情对于孩子个性的健康发展，尤其是感情的健康发展以及对良好关系的建立有着非常重要的意义。宽容的人，时时刻刻都会受到人的爱戴。因此，他们更加容易处理好各种人际关系，能够很快地适应各种不同的环境，能够融洽地与人合作，充分挖掘自己的潜能。富有宽容心的孩子往往心地善良，性情温和，惹人喜爱，受人拥护。

然而，在现实生活中，总有那么一些人，心胸狭隘，小肚鸡肠，处事总是持"宁可我负人，不可人负我"的态度。对别人的不是，甚至并非不是之处也斤斤计较，往往使一丁点矛盾进一步恶化，最终酿成祸患。轻则使人受伤，重者致人命亡。作为父母，这些道理要对孩子讲清楚。

穿梭于茫茫人海中，面对一个小小的过失，一个淡淡的微笑、一句轻轻的歉语，就会带来包涵谅解，这就是宽容。不要苛求任何人，要以律人之心律己，以恕己之心恕人，这也是宽容。宽容地待人，待事，待自己，善待一切。让孩子知道，因为宽容，我们知道了幸福的真正意义，因为只有宽容，世界才会越来越多姿多彩。

## 天真活泼的孩子惹人爱

天真活泼是孩子健全人格的开端。不活泼的孩子很难受到小朋友们的欢迎，长大后也不易融入社会。孩子正处于可塑性极强的阶段，只要父母平时注意教育孩子的方式和方法，及时进行正确的引导，就会培养出一个天真活泼的孩子。

有些孩子胆小怕生，不够活泼，家里来了客人，总喜欢躲到爸爸妈妈身后。

对于这样的孩子，父母要有耐心，不要对孩子吼："你躲什么躲，叔叔又不是老虎。""你哑巴了？阿姨问你话呢。"

这些不合情理的话，非但不利于改善孩子的性格，反而会给孩子造成更大的压力。父母应该找出其中的原因，从根本上解决问题。

其实，孩子不活泼除了与遗传有一定的关系之外，很大程度上还与孩子后天的成长环境和父母的教育方法有关。

有的父母对孩子期望过高，要求孩子像大人那样自觉地坐着，聚精会神地看书，孩子感到十分好奇的东西不准去摸、去玩，使得孩子习惯于按照父母的意愿去做事；有的父母为了保持室内环境和服装整洁，怕弄脏房间、衣服，对孩子的游戏加以限制，使孩子不敢玩、不敢动，逐渐变得死板；有的父母自己本身就很忧郁、易怒，天长日久，孩子也变得情绪恶劣；有的家庭气氛紧张，父母对孩子态度严肃，孩子经常感到紧张、压抑；有的父母平日里忽视给孩子创造足够的与小朋友交往的机会；有的孩子身体不好会影响做事的态度……

可见原因各式各样，十分复杂。让孩子性格活泼，是为人父母者共同的心愿。活泼的孩子做事积极主动，思维活跃，勇于探索，能够通过自己的活动获得新知识和新信息；活泼的孩子适应性强，对周围的事情能够保持一种乐观的态度，对人非常热情，也乐于与人交往。活泼的性格能使孩子保持愉快的情绪、健康的心理，有利于孩子想象力与创造力的发展；能使孩子更容易得到同伴和社会的欢迎，使孩子的个人生活充满欢乐和情趣；还能使孩子较好地对待挫折和烦恼，有较强的心理承受能力。

那么，父母应怎样做，才能培养孩子活泼的性格呢？

### 1. 健康的身体是活泼开朗性格的体质基础

如果父母们注意观察,就不难发现,孩子在健康的时候情绪通常是非常好的,而如果生病了,他的情绪和活动就会出现异常。有的父母反映,孩子平时很好,做什么事情都按照规律去做,可是得了一场病之后情况全变了,这是因为生病容易打破他原来已经养成的好习惯。因此父母要重视孩子身体的健康,让孩子有好的营养、充足的睡眠、足够的运动,以此作为培养孩子活泼性格的基础。

### 2. 良好的家庭氛围是孩子活泼开朗性格形成的土壤

家庭应保持民主、和睦、宽松的气氛,家长不盲目按照自己的意愿去安排孩子的活,保留孩子对合理要求的选择权。孩子在这样的环境中心情轻松愉快,言行无拘无束,有什么想法都敢于、乐于和父母交流,容易养成活泼的性格。

父母要注意把孩子看作是平等的人,尊重孩子的自尊心,关心他们的成功与失败,切勿用粗暴简单的方式对待孩子。建议父母每天抽出 15～20 分钟时间和孩子聊天,内容可以是孩子喜欢的图书、游戏、活动等等。

另外,父母应注意自己的情绪、性格以及为人处世对孩子潜移默化的影响,做到乐观豁达,不把自己的坏情绪传递给孩子。

### 3. 及时帮助孩子摆脱不良情绪

孩子往往有时因为一点小事不高兴,或哭或闹或闷在心里,整天情绪低落。这时父母应注意引导孩子,让其在心情不好的时候出去活动，转移注意力，调整自己的情绪。同时，也要多鼓励孩子自己去克服困难。建议如下：

（1）鼓励孩子从事体能运动，如跑步、爬山、跳绳等；

（2）鼓励孩子将心中的不悦或委屈用画画表现出来，并可以在画中做任何处置；

（3）鼓励孩子用唱歌的方式排解心中的不畅。

### 4. 不要让知识扼杀孩子的天真

过早地对孩子进行知识教育会扼杀孩子活泼的天性。一位童话作家说，一个民族如果小孩说大人话办大人事，那么大人必然说小孩话办小孩事。可惜的是，有的父母虽舍得为孩子花时间，却盲从社会上盛行一时的早期教育风潮，热衷于让幼儿园里的孩子学认字，学算术；有的家长一心想把孩子培养成天才，让孩子在一个又一个的特长班之间奔波……

还有的父母对孩子进行科学教育，他们给孩子证明地球是椭圆的，但孩子生活的大地分明是平坦地向四面八方展开的。而且，孩子们直观地看到，并不是地球围绕着太阳旋转，恰恰相反，分明是太阳从东向西在他们头顶上转。

孩子的确错了，但父母没有必要急于纠正孩子的这种常识性错误，这样做只会在孩子头脑中留下一个解不开的疙瘩。

孩子的世界要比成人的那个所谓客观世界丰富、广阔、有趣得多。在他们看来，星星会眨眼、树叶也会沙啦啦地絮语长谈……他们自由自在地生活在自己的天方夜谭里，而父母向其证明的科学真理，在孩子心目中，恰恰是不着边际的天方夜谭。所以，父母不必急于向孩子灌输那些科学知识，孩子早晚会明白那些道理，给孩子留一个思想的空间不是更好吗？

### 5. 避免对孩子要求过高

对孩子要求过高，难免会严厉地指责和批评孩子。孩子的本性是很活泼很爱说话的，有的父母嫌孩子唠唠叨叨，就严厉斥责孩子，结果造成孩子不敢说话、死气沉沉。在孩子该练习说话的年龄，如果不让他说话，他怎能学会用语言流利地表达呢？所以，只要顺其自然，不吓唬、压制孩子，他便能养成活泼大方的性格。

### 6. 帮助孩子扩大生活面

有的家长，特别是孩子的爷爷、奶奶总怕孩子受别人欺负，于是就不让他跟别的小朋友玩；或还没等孩子把话说完，已经按孩子的要求去做了。孩子既不需要动口，也不需要动手，这种过分依赖的孩子是不可能健康活泼的。

父母可以经常带孩子串串门，先从小伙伴开始，逐渐扩大至亲朋好友。举行生日会，与小朋友一起表演节目、画画、做泥塑等；也可以在菜场、商场购物时，大人站在一旁让孩子自己去付款，习惯与生人接触后还可让孩子单独去便利店买一些零星物品；还要经常和孩子一起观看《欢乐蹦蹦跳》之类的儿童电视节目，鼓励孩子一起唱一起跳。

### 7. 不要让物质代替亲情

物质生活的丰富并不等于童年的快乐，对孩子更为重要的是，父母时间与精力的合理付出。值得警惕的是,一些经济条件很好的成年人,以优越的物质条件代替自己与子女同在的时间,把孩子寄宿在幼儿园里,孩子成了情感生活的贫儿,高兴不起来,自信心也不足。

父母做到了上述几点,时间长了,孩子自然会恢复天真活泼的天性。

孩子性情活泼,当然令人喜欢,但如果活泼得过了头,太放肆了,没有一点儿规矩,同样会令父母们头疼。做父母的都希望,如果自己的孩子性情活泼又规矩,那该有多好啊!然而,父母在培养、教育、训练和管理孩子的实践中,要真正做得好,达到预期的目的,实在是一件很不容易的事。

现实生活中,许多父母往往不由自主地走到了两个极端。为了让孩子活泼,就不讲任何纪律,任其为所欲为,一点儿规矩也没有,结果,孩子无法无天,放肆任性;为了让孩子有规矩,就不给孩子一点自由,这不许做、那不许做,结果把孩子弄得缩手缩脚,"未老先衰",成了父母手中呆板的木偶,牵之则动,息之则止。

要把孩子培养成既活泼又守规矩的孩子,父母一定要掌握分寸,根据自己孩子的实际情况,确定究竟是要对孩子管得严一点还是管得松一点。如此,举一反三,触类旁通,才能培养出既不失天真活泼,又落落大方的孩子。

## 礼貌待人是孩子的通行证

心理学家告诉我们，一个孩子的形象是一封无字的介绍信。人们通过孩子的语言、行为、仪表，就能判断出他是一个什么样的人。

如果有人问："你会说话吗？"

孩子一定会说："说话谁不会，张口就来呀！"

其实不然，说话的学问大着呢。一个人所说的话总是和他的人品和修养联系在一起的，优美的语言首先建立在尊敬他人的基础上。如果孩子想成为一个高尚的、受欢迎的人，请先要学会说文明礼貌三句话——"您好！""谢谢！""对不起！"

孩子学会待人有礼，不仅给人很好的印象，还能帮助化解尴尬，就像下面这个小故事：

有一次，英国王室在伦敦举行盛大晚宴，招待印度首领，此时，还是皇太子的温莎公爵主持了这次宴会。

宴会在非常友好的气氛中进行着，达官贵人们觥筹交错，相谈甚欢。就在宴会即将结束的时候，发生了一件意想不到的事情，使整个宴会被尴尬的氛围笼罩着。按照当时宴会的程序，侍者在晚宴即将结束的时候为每一位来宾端来了洗手水，印度客人看到那精巧的银制器皿，以为里面盛着的亮晶晶的水是用来饮用的，于是端起洗手水一饮而尽。当时，作陪的英国贵族个个目瞪口呆，不知如何是好，大家纷纷把目光投向主持人。

这时，只见温莎公爵神色自若，一边与客人谈笑风生，一边端起自己面前的洗手水，像客人那样自然而得体地一饮而尽，接着大家也纷纷效仿。原本即将要扩散的难堪与尴尬气氛，在瞬间消逝无形，宴会在一片欢乐声中取得了圆满的成功。

温莎公爵在这次宴会中的举动，无疑是一种礼貌的表现。他的这种行为，不仅表达了自己对客人的尊重，而且使这次宴会非常完美，没有留下任何的遗憾。

在日常生活中，妈妈也应该让孩子懂得多从别人的立场出发来体谅别人，懂得人情世故，会待人接物。因此，妈妈应该坚持对孩子进行礼仪教育，并不断强化他们言行方面礼仪习惯的培养和训练，使他们养成良好的礼仪习惯，懂得对别人尊重，懂得谦恭礼让，懂得使人际关系融洽和谐。

比如妈妈可以教导孩子美好的一天从亲切热情的问候开始。早上起床后孩子的第一件事可以是向爷爷、奶奶、父母问一声"早上好！"这亲切的问候传递着孩子对长辈的尊敬和爱，营造了温馨的家庭气氛。

到学校，孩子见到老师、同学，面带微笑地说一声"老师，您好！"，"XX同学，你好！"人活在世上，没有不出错的，出了错，应该懂得道歉，"对不起！""请原谅！"向人道歉，就是承认自己的言谈举止或某些做法不妥，并把愧疚的心情传达给对方，请求对方原谅。打扰了对方，给对方带来了不方便，或做错了事，如果孩子说一声对不起，请原谅就会修补自己已经受到损坏的形象。

心理学家们指出，在这些简单自然的问候中，不知不觉地塑造着孩子在别人心目中的良好形象，培植着孩子与别人之间的友谊，礼貌待人也就成了孩子人际交往的推荐信。

不过，虽然如此，很多妈妈还是非常烦恼："我不知道为什么孩子会这么没礼貌，这不是我想要的结果。"

其实要弄明白这个问题很简单，心理学家为我们举了这样的例子，就像一个已经结婚的邋遢男人，人们会想到他家里的邋遢妻子一样，见到满口脏话的孩子，人们就会想到他粗鲁的父母，因为一个孩子是否有礼貌与他的智商没有多大的关系，主要是后天教育的结果。孩子不懂得如何做一个有礼貌的人，很大程度上是因为妈妈根本没有告诉孩子为什么要和别人说"谢谢"和"对不起"，小孩子也根本不理解"谢谢"和"对不起"应该具有的心理意义。所以，这样教育出来的小孩，当和别人说"谢谢"和"对不起"的时候，总会让别人觉得很假，因为他们根本不能表达出"谢谢"和"对不起"应该有情绪。

相反，那些懂得礼貌的妈妈会告诉孩子，说礼貌用语时，为什么会这样。她们的语气也大多是平和的，即使当孩子做错了，也会用理性和平静的口吻告诉孩子应该怎样做。比如，当她们的小孩子收到了别人的礼物，她们会告诉小孩："这些礼物是别人为了表达喜爱你，才送给你的。"这样小孩子就会用很真诚的情绪，回馈送给自己礼物的人："谢谢，您真是太好了！"甚至还会主动去拥抱送给自己礼物的那个人。其实，与礼物比较来看，对方的喜爱更让小孩子高兴一些。

所以，如果妈妈想让自己的小孩变得礼貌起来，就让自己变得温柔理智一些，要知道，这是礼貌教育最基本的方面。

## 顽强和执着是搏击风雨的盾牌

培养孩子坚强的意志品质，尤其需要父母的榜样力量。懒懒散散，生活懈怠，做事没有信心、经常半途而废的父母，是难以培养出具有坚强意志品质的孩子的。

由于家庭条件优越，很多孩子从小不太可能经历艰难困苦。这就使得他们很容易产生依赖心理，也很难养成坚强的性格。然而，孩子将来所要面对的却是复杂的社会，难免遇到挫折和困难，没有坚强的性格，是不能适应激烈的社会竞争的。

美国心理学家威蒙曾经对150名有成就的智力优秀者做过研究，发现智力发展与三种性格品质有关：一是坚持力，即勇敢面对困难，并坚持到底；二是善于为实现目标不断积累成果；三是有自信，不自卑。可见，坚强的性格对人生十分重要。

不同的教育方式，造就孩子不同的意志力和自信心。比如有的孩子坚忍不拔，有些孩子有自立精神，有的孩子就不能承受一点挫折,有的孩子胆小怕事,有的孩子自理能力差。

为了培养孩子良好的心理素质,使孩子具有坚强的意志、活泼开朗的个性和健康向上的心态,父母应从小注意锻炼孩子的意志,重视孩子的自信心和勇敢精神的培养。

性格是长久养成的对现实的态度和与之相适应的习惯方式,是人格的一个重要方面。性格不由智力决定,但性格与智力相互联系、相互影响。坚强的性格有利于调动人的积极性、主动性和强化脑细胞活动,使人在学习和工作中产生超常的效率。

在现实生活中,人的性格是多种多样的,在各种各样的性格中最优秀的性格是坚强性格,具有坚强性格的人具有坚持力、自制力,能不怕困难勇往直前,在学习生活中不断取得成功。

那么如何培养孩子坚强的性格呢?父母们不妨从以下几点做起:

### 1. 给孩子独立锻炼的机会

如让孩子单独活动,同生人谈话,与小朋友来往,独立完成作业等。即使有一定困难也要让孩子自己去做。因为只有让孩子经常完成具有一定难度的事情,他才能体验克服困难后成功的喜悦,从而增强自信心并变得坚强起来。

### 2. 要求孩子从小事做起

千里之行,始于足下。从小事做起,持之以恒,是磨炼意志的好方法。许多在事业上有成就的人,都曾通过小事情磨炼自己的意志。

著名科学家巴甫洛夫,以工作精确、细致著称。他写字十分工整,像印刷出来的一样。原来在年轻时,他就是把工工整整地书写作为自己磨炼意志的开端的。

我国体育名将周晓兰,在球场上吃苦忍痛、意志坚强,也与她小时候在小事上的磨炼分不开。上小学时,她常因看电影而耽误功课,在父亲的帮助下,她从克制看电影做起,功课做不完,就把电影票退掉,再好的电影也不去看。经过一段时间,她战胜了自己,培养出了很强的自制力。

正如著名文学家高尔基所说:"哪怕对自己一点小的克制,都会使人变得强而有力。"因此,父母培养孩子的意志品质,要从孩子"小的克制"入手。从小事做起,只是起点。培养坚强的意志品质,要随着孩子的成长而进步,从小到大,从易到难,从低到高地磨炼孩子。当孩子能够迎接越来越大的挑战的时候,一个意志坚强的孩子就站在你面前了。

### 3. 劳其筋骨,增益其所不能

大家知道,"劳其筋骨"是磨炼意志的重要方法。适合孩子的艰难一些的劳动、体育活动,能使孩子坚强起来。长途远足,爬山,跑步,游泳,较重的劳动……可供选择的内容很多,父母要指导孩子选择,关键在于坚持。当然,其前提是避免盲目性,不能冒险,不能脱离实际。要教育孩子:明确行动的目的,选择适合的内容和方式,一旦行动,不达目的不罢休,才能练出好身体。

### 4. 相信和尊重孩子

试着让孩子担负一定的责任，从而培养孩子的自我要求能力和坚持力。心理学认为，让孩子担任一定角色可以使其性格向这个角色靠拢。如某幼儿园的一个幼儿个人卫生不好，让他负责检查其他小朋友的卫生后，他自己的卫生明显好转，并且在其他方面，如自尊心、责任心、协调性等方面也都有明显改善。这个例子说明孩子的性格受大人期望的影响较大，所以在日常生活中父母应把孩子当作坚强的孩子来培养。

### 5. 让孩子保持健康的身体

一个身体虚弱的孩子对自己的身体没有信心，心情不好，必然怕这怕那，对人对事积极不起来，性格也就很难坚强起来。相反，孩子的身体素质好，有信心，有勇气，就容易培养自信坚强的性格。

### 6. 培养孩子积极的良好品德

良好的品德受人喜爱和尊重，知识和智慧使人有信心。人的各种心理品质是相互影响的，培养各种积极的良好品德，都能有效地使孩子的性格变得坚强起来。

### 7. 要求孩子做一些力所能及的事情

如要求孩子摔了跟头不哭，打针不哭等。父母应利用孩子的好强心理，在孩子未哭时给予鼓励，如孩子真的不哭，那么就要及时强化效果。如有的孩子不愿意去幼儿园，常在送幼儿园时大哭大闹，那么父母一方面要设法消除孩子去幼儿园的不适心理，另一方面应鼓励孩子"去幼儿园不哭的孩子才是勇敢的孩子",一旦孩子不哭了,应及时鼓励,加上适当的奖励,这样孩子就会逐渐形成坚强的性格。

## 8. 防止因性别差异而形成偏见

有的父母认为,男孩子玩布娃娃没出息,女孩子不应该玩冲锋枪。好像女孩子生来就应做饭带孩子,男孩子生来就应该舞枪弄棒,做大事业。成人这种偏狭的观念极不利于孩子性格的健康发展。过早的女性化会损害女孩子的独立性和自信心,过早的男性化也会影响男孩的细致性和敏感性。

## 9. 对孩子要有耐心

有些孩子虽然一心想独立自主,凡事都坚持自己做,但实际上却往往是心有余而力不足,每件事情都无法做好,如吃饭时把桌面搞得一团糟,衣服穿得东歪西扭。有一些急性子的父母没时间等待孩子慢吞吞无秩序的自主行为,所以凡事一手包办以提高效率和节省时间,这不但会剥夺孩子自主学习的机会,同时也会致使孩子形成依赖心理。因此专家们强调,父母一定要有耐心,让孩子慢慢学着自我探索成长,千万不可操之过急,凡事为孩子代劳,只会使孩子永远也长不大。

另外,好奇、爱发问也是孩子最大的特点,父母在面对孩子提问时,不要急着给孩子一个标准答案,以免影响孩子独立思考的判断能力,最好是解释出前因后果慢慢启发诱导。

总之,坚强的性格某种程度上决定了人的成长。当遇到复杂的问题需要果断做出决定时,性格坚强的人就会沉着冷静地加以分析、判断,最终做出决定,而性格软弱的人则可能优柔寡断、瞻前顾后,最终把事情弄糟。

坚强的性格对孩子成长如此重要,想要提高孩子素质的父母,就不能忽视这个方面。

# 第二章　好性格父母造：做孩子的性格塑造师

## 健康性格,父母给孩子最好的礼物

有位哲人说过这样一句话,一个人的命运就在他的性格中。一个人一生是否有作为,是否成功,是否幸福,起决定作用的因素往往是性格,而不是智力。

美国某心理学家及其助手所做的一项长期追踪研究证明了这一点:他们从25万儿童中选出1500名智力较好的儿童,对他们进行跟踪调查,30年后这些孩子有的成了社会名流、专家、学者,而有的则穷困潦倒、乞讨街头。

在"性格决定一生""性格造就成败"等观念盛行的今天,父母们都很关注这样的问题:孩子的性格是在哪个年龄阶段形成的?为什么有的孩子性格"很好",而有的孩子性格却"很坏"?这些性格又是怎样形成的?这些关于人自身的问题也是心理学家们孜孜不倦研究的课题。

实际上,我们生活中一般意义上所讲的性格,就是心理学概念中的人格,指的是一个人对人、对事、对物所表现出的较稳定的态度。

美国心理学家埃里克森把人格的发展划分为八个阶段,前五个阶段是孩子逐步成长的阶段,对父母培养孩子健康的性格会有一定的帮助。

### 1. 第一阶段:婴儿期(0~1岁)

这个阶段的孩子最为柔弱,非常需要成人的照顾,对成人依赖最大。如果父母能够爱抚婴儿,并且有规律地照料婴儿,以满足他们的基本生理需要,婴儿就能对周围的人产生一种基本的信任感,并从生理需要的满足中得到安全感;相反,如果婴儿的基本需要没有得到满足,或者不能一贯、规律的满足,他们就会对周围的人产生一种不信任感,并从生理需要混乱的满足中产生最初的不安全感。

如果这一阶段的危机得到积极解决,孩子就会形成"希望"的品质,长大后性格多倾向于乐观、信任、活跃等积极的人格特征;反之,孩子就会形成惧怕感,长大后性格往往倾向于悲观、多疑、抑郁、烦躁等消极的人格特征。

这一阶段婴儿所产生的基本信任感是形成健康人格的基础,也是以后各个阶段人格顺利发展的起点。所以父母在抚养孩子的过程中,应适当地满足孩子的生理需要,不宜过分满足和过分剥夺;同时,在满足程度和方式上要尽可能保持一致性、一贯性,不能随意转变,即使变化也要渐进地、有规律地进行,以便婴儿能够适应。

### 2. 第二阶段:幼儿期(1~3岁)

这个阶段的儿童学会了走动、推拉、说话等活动,也学会了把握和放开，尤其是自身身体的控制和大小便排泄，从而使儿童介入自己意愿与父母意愿相互冲突的危机中。如果父母对孩子的行为限制适当，给予孩子一定自由，孩子就会建立起自主性和自我控制的意识；相反，如果父母对孩子限制、批评甚至惩罚过多，孩子就会感到羞怯，并对自己的能力产生疑虑。

如果这一阶段的危机得到了积极的解决，孩子就会形成意志的品质，成年后性格倾向于坚强、独立、克制、自律等；反之，孩子就会形成羞怯感，成年后性格倾向于意志薄弱、依附、随意、敷衍等消极的特征。太过纵容，孩子成年易形成肮脏、浪费、无秩序等生活习惯；限制太严，孩子则易形成清洁、吝啬、忍耐等强迫性特点。

儿童自主性和自控性的形成，使其性格中自我意识、自我调控能力、适应社会化要求的能力增强，对于个人今后对社会组织和个人理想之间关系的态度及处理产生重要影响，对个体的社会化及未来的秩序和法制生活做好了准备。

所以，父母对孩子的行为必须理智而耐心，适度控制的同时给予一定的自由，并施以科学的训练，及时矫正不良行为。

### 3. 第三阶段：学前期（4～6岁）

这个阶段的儿童身体活动更为灵巧，语言更为精练，口语表达能力增强。更重要的是，这个阶段孩子的思维，尤其是表象性思维发展得最快，想象力极为生动丰富，孩子已开始了创造性的思维，开始了对未来事情的规划。

因此，这个阶段的孩子富于幻想，喜欢童话故事、拟人化的游戏及活动，并倾向于通过自己的想象去解释周围的世界。如果父母肯定和鼓励孩子的主动行为和想象力，孩子就会获得积极的自主性，使自身的想象力和创造性得到充分发挥；如果父母经常限制孩子的主动行为，讥笑孩子不切实际的幻想，孩子就会丧失主动性，变得无所适从，并且对自己的能力感到怀疑和内疚。

如果这一阶段的危机得到积极解决，孩子就会形成"方向和目的"的品质，成年后性格倾向于自动自发、计划性、目的性、果断等积极的人格特质；反之，孩子成年后的性格则倾向于不思进取、无计划性、优柔寡断等消极的人格特质。

艾里克森认为，一个人未来在社会中所能取得的工作上、经济上的成就，都与儿童在本阶段主动性发展的程度有关。因此，父母要鼓励和肯定孩子主动性和想象力的充分发挥。

游戏是适合此时期儿童性格发展的最好形式，应该成为儿童的主导活动。

通过各种游戏，不但孩子的运动器官能得到发展，而且其认知和社会交往的能力也能有效增强；同时，游戏还能帮助孩子学会表达和控制情绪，学会处理焦虑和内心冲突，对培养孩子良好的性格品质有着重要的作用。所以，父母应积极组织并引导孩子开展多种多样的游戏，让孩子在游戏中学习，在游戏中成长。

另外，这一阶段也是孩子产生恋母（恋父）情结的特殊时期。因此父母一定要正确对待亲子关系，母亲要有意削弱自己在孩子生活中的重要性，父母要注意自己性别角色的正确扮演，给孩子树立榜样，同时要鼓励和引导孩子与异性同伴交往，建立完整的性别概念。

### 4. 第四阶段：学龄期（7～12岁）

这一阶段的孩子大都在上小学，其主要社会生活环境由家庭转移到了学校，活动范围扩大了许多。学习成为孩子的主要活动，并不断促使孩子产生勤奋感。如果不能发展这种勤奋，孩子就会对自己能否成为一个对社会有用的人缺乏信心，从而产生自卑感。

如果这一阶段的危机得到了积极的解决，孩子就会形成"能力"的品质；反之，就会形成无能。

勤奋感的形成，对孩子成年后的社会工作和生活影响很大，将来孩子对学习、工作和生活的态度和习惯，都可追溯到本阶段的勤奋感。

这一阶段孩子性格的发展相对平静，父母应教育孩子勤奋读书，参加社会活动，尝试在各个感兴趣的领域中培养和发展自己的才能，同时培养孩子的生活自理能力，积极参加各种社会公益活动，做一个对社会有用的人。

### 5. 第五阶段：青年期（13～18岁）

这一阶段的孩子必须思考他已掌握的各种信息，为自己确定生活的基本原则和策略，如果能做到这一点，孩子就能获得自我同一性，否则就会产生角色混乱，即个体不能正确地选择适应社会环境的角色，产生消极同一性，即个体形成与社会要求相背离的同一性。

如果这一阶段的危机得到积极解决，孩子就会形成"忠诚"的品质；反之，孩子就会形成不确定性。

同一性的形成标志着儿童期的结束和成年期的开始，标志着个体人格的成熟，只有建立了积极的同一性，才能顺利地度过青春期，也才能顺利地解决成年后三个阶段（结婚、立业、晚年）的性格发展任务。

孩子从一出生，就开始了性格的塑造过程，并且对成人后的性格及心理都会产生举足轻重的影响。这也为父母敲响了警钟，必须从一出生就开始注意孩子性格的塑造问题，并积极建立起正常的亲子关系，满足孩子身心发展的各项需要。每一位明眼的父母都会明白：良好的性格及心理素质的发展，将比单纯的让孩子多认几个字、多背一些英语单词重要得多！

## 给孩子高质量的爱，好性格是教出来的

世界上每个人的相貌各不相同，其性格也是千差万别。那么什么样的性格才是好性格呢？一般来说，好的性格应该包括以下几个方面。

### 1. 饱满的热情

一个人如果缺乏热情，那么他做任何事都不可能成功。热情，

对大多数孩子来说，是与生俱来的，然而，要使其不受伤害，继续把热情保持下去，却不容易。因为热情是脆弱的，很容易被诸如考试的分数、他人的嘲笑等挫伤，甚至摧毁。因此，父母要十分注意保护孩子的热情。

心理学家认为，孩子从小无意识地受到父母态度的影响而形成的性格，儿时一般不易发现，进入青春期之后，这些影响才开始明显地显露出来，并且在以后都难以改变。

### 2. 充足的自信

一个人只有相信自己有能力迎接各项挑战，他才有可能成功。要做到这一点，父母首先要尽可能早地发现孩子的天资和才能，有意识地去诱导他们，鼓励他们具有充满成功的信心。

### 3. 热切的同情心

大多数孩子对有生命的动物所遭受的痛苦都是很敏感的。父母经常关心他人，自然会在孩子幼小的心灵中播下同情的种子。

### 4. 较强的适应能力

怎样培养孩子的适应能力呢？最好的方法是尽早用成年人的爱心和感情去对待孩子，使他们能早日成熟，避免由于过分幼稚和脆弱而经不起来自社会的各种打击。

### 5. 满怀希望

这种特性能使人在黑暗中看到光明，敢于迎接挑战。要想使孩子对生活充满希望，父母本身就应该是乐观主义者。如经常教育孩子：失败乃成功之母。这样，当困难真的来到时，孩子就不会畏缩不前，而会挺起坚强的脊梁，去战胜困难。

父母的教养方式是影响孩子性格发展的重要因素。曾有人将几百名四岁幼儿的家长按其"权威"和"关爱"程度分成溺爱型、忽视型、严厉型、关爱型、理智型五类。在这五种教养类型中，孩子的发展水平表明，溺爱型、忽视型家庭中长大的孩子，其各方面发展的水平都较低。在思想上接纳子女的非期望行为，行为上部分限制的关爱型父母培养下的孩子，其智力发展较快。思想、行为都部分接纳非期望行为的理智型家庭教育，则使孩子在各方面的能力都显得高人一筹。可见，较好的教养方式对孩子优良品格的形成所起的积极作用。

同时，父母常常是孩子的偶像，他们的一举一动都会成为孩子模仿的对象。生活中我们常常会发现，父母和孩子在举手投足、一颦一笑之间都有着惊人的相似之处，真像是一个模子中刻出来的。这虽然说明了遗传在孩子性格形成中的特别作用，但似乎更能说明后天环境对孩子性格影响的巨大作用。

这就是不仅父母与子女之间存在着奇妙的相似之处，就是同一父母所生的兄弟姐妹之间，在言谈举止中也会有或多或少的相似之处的原因。所谓"近朱者赤，近墨者黑"。现实生活中，我们也常常发现，夫妻二人感情较好的，他们彼此之间会越来越相似，这与他们日厮夜守，天天生活在一起有很大的关系。

因此，环境对性格形成的作用也是不容忽视的，因此为人父母者，还应努力为孩子营造一个良好的成长环境。

古时候孟母为了让儿子有一个良好的生活环境，不惜三次搬家。这就是"孟母三迁"的故事。孟子最终没有让母亲的苦心付诸东流，终于成为中国历史上伟大的思想家。现代人大多由于客观条件的限制，当然不可能再像孟母那样因对周围环境的不满意而频繁搬家，但父母至少可以为孩子营造一个良好的家庭环境。

孩子性格的形成与早期生活习惯有着密切的关系，这一点尚未引起人们足够的注意。常听到有的父母抱怨孩子天性胆小、娇气。殊不知，正是自己无意中错误的育儿方式造就了孩子的这种毛病。培养孩子性格品质要从小抓起，从建立良好的生活习惯着手，如饮食、睡眠、排泄安排、自理能力训练等，这些先入为主的习惯就是孩子日后的习性。

常与他人交往的孩子在处理人际关系方面有很强的能力，在人面前显得落落大方；相反，与人交往较少的孩子多会形成文静内向的性格，羞于与人交往，一说话就脸红，表情和举止极不自然。因此父母还应该注意为孩子创造一个良好的家庭环境，让孩子学会与人交往。

父母的情感态度对孩子性格的导向作用十分重要。现代父母的情感流露比以往更明显，频率和强度更高，这样会使孩子变得非常脆弱和具有依赖性，在娇宠中变得批评不得，甚至父母的声音稍高一点，孩子也会因此受惊而大哭不止，显示出脆弱的性格特征。一般情况下，娇气脆弱的孩子常缺乏足够的心理承受力，一旦受到挫折极容易出现心理障碍。

再则，如今独生子女多，父母的悉心照顾表现在各个方面，对孩子的很多事情进行包办或限制。这些过分"担心"的心理，不可避免地通过言行举止显露出来，对孩子起到暗示作用。不少父母在孩子想参加某项活动之前，总是向孩子列举种种危险，结果使孩子产生了恐惧的心理，并因此畏缩不前。年龄愈小的孩子愈容易接受暗示，父母的性格特点极易潜移默化地传导给孩子。

现在的父母还往往把孩子的身体健康寄托在各种食品和药品上，而不是让孩子在阳光、新鲜空气和户外运动中锻炼身体。一般来说，体弱多病与性格懦弱之间有着一定的内在联系，因为病儿会受到父母更加细心的照顾和宠爱，从而成为助长软弱性格的温床。这种保护过度的育儿方式，会使孩子的性格具有明显地惰性特征，表现为好吃懒做，缺乏靠自身能力解决问题的内在动力。

另外，恶劣的环境可能导致孩子恶劣的性格，这也就是在社会风气极度不良的情况下，容易导致青少年犯罪呈上升趋势的原因。所以专家们一再呼吁：保护未成年儿童，让孩子远离毒品、暴力、色情等一系列社会垃圾。

孩子性格的形成一方面取决于先天遗传，一方面取决于后天生活的环境。身为父母，在注意纠正自己性格中的不足之处，并努力为孩子营造良好的成长环境的同时，还应注意与孩子多谈心，多关心孩子，随时了解他们的所思所想，发现他们成长中的一些性格缺陷，及时给予纠正，如果等到孩子性格已经成型后再纠正就很困难了。

澳大利亚心理学者罗拉黑尔这样概述性格形成中遗传与环境的作用：

（1）在心灵与思想的一些特性上，家庭成员之间存在遗传这个事实；

（2）在许多个别的性格特质中，哪一个会得到发展，又能发展到什么程度，则由环境因素决定；

（3）若是先天已经具备非常强的性格特质，则在任何环境中都可以得到发展。

从罗拉黑尔的结论中，我们可以得到这样的启示：父母在为孩子营造成长的环境时，要注意发现孩子身上存在的特质，为孩子该特质的发掘与发展创造一个最佳的环境。

## 好性格父母造，好父母胜过好老师

家长不可能永远充当孩子的保护神，也无法让孩子的未来尽善尽美，家长能帮助孩子做的最重要的一件事，就是培养孩子的良好性格，让他们勇敢地走向前，创造属于他们自己的幸福。

人的一生很短暂，想要功成名就，往往要经过艰辛的努力去争取，能够努力、探索、争取最终成功的人，大多数都是性格坚强、乐观、自信、刻苦的人，他们永不言败，在困难面前不退缩，勇于创造，富有恒心。

父母都希望孩子早日成才，除了必要的智力投资，从小培养孩子良好的性格也非常重要，因为孩子性格直接决定了其一生的命运。

什么样的性格是孩子们所需要的呢？

### 1. 快乐活泼

孩子从小要快乐活泼，爱笑，无忧无虑、无拘无束，不呆板，不胆怯，但并不吵闹多动。真正活泼的孩子应该是表情、动作、感知、双手、思想五方面的活泼以及口齿伶俐。还有一种活泼是内在的，表现为喜欢提问、讨论、辩理、识字读书等，外在的看起来反而显得比较安静。

### 2. 安静专注

活泼有外在和内在的表现之别，而内在的活泼就表现为安静，无论哪种活泼，专注都是必要的。玩也要专心致志地玩，全身心都倾注在游戏里，才能更多地感受到快乐，获得更多的收获。否则心猿意马，注意力涣散，该动该静都不能做到，做事不能坚持到底，这样就很不好。学习时也会难以专注，智能发展也会受到性格的不良影响。

### 3. 勇敢和自信

凡是成功的人，必定是强者和有自信的人，懦夫是无缘于成就的。

孩子的勇敢、自信表现在"不怕"上，不怕黑、不怕疼、不怕苦……这是孩子"自我意象"好的表现。也就是说，自信的孩子总觉得自己是个好孩子,很能干,因而也很快乐,这一切,跟骄傲、没礼貌、不友好完全不能等同。

### 4. 独立自主

成功者总是自我意识强,独立自主,相信自己的力量。

很多成功人士在很小的时候,就已经很有独立性了,比如大名鼎鼎的比尔·盖茨,他小学时就利用课余时间去图书馆做兼职为自己赚零用钱了。

有独立意识的孩子小时候自己睡觉、自己玩、不过分依赖大人,以后会做自己力所能及的事,喜欢自己处理自己的事情。

### 5. 爱劳动,关心人

从小爱劳动的人以劳动为快乐,富有同情心,会从关心家长开始,关心周围的人,会关心家长做事累不累、受伤疼不疼、生病难受不难受,也会留意不打扰别人,所以勤劳和善良是密不可分的。孩子从小有这样的性格,就一定是个道德高尚的人。

### 6. 好奇心和创造性

具有这种性格的孩子喜欢问"为什么",表现为对新奇的事用眼睛看、用手摸、用耳朵听、用脑子想,更关键的是,用心感悟。他们喜欢别出心裁,与众不同,精益求精,喜欢动手试验,喜欢搞小发明等。有着以上充满求知欲望和创造精神的孩子,求异思维和发散思维优于常人,自学能力也比较强,将来会是开拓型、创造型的人才。

那么,作为父母,怎样让孩子形成好的性格呢?以下几点至关重要。

### 1. 要让孩子有强烈的自信心

当孩子对自己充满自信时，他才有可能战胜困难。家长要注意发现孩子的天赋，有意识地去诱导他们，鼓励孩子建立必胜的信心。

### 2. 要让孩子有饱满的热情

无论任何事，有足够的热情，才能取得成功。对大多数孩子来说，热情生来就有，但热情很脆弱，很容易在挫折中伤害，甚至被摧毁。因此，家长要格外留意，保护孩子的热情不被伤害。

### 3. 要让孩子富有同情心

大多数孩子对生命是敏感而关切的，比如他们看不得小动物受伤害就是例证。如果一个家庭经常关心他人，孩子幼小的心灵就会播下同情的种子。

### 4. 要让孩子有较强的适应能力

让孩子了解父母一定的难处，可以帮助孩子们尽快成熟起来，这样可以避免由于孩子过分幼稚和脆弱而经不起各种打击。

### 5. 要让孩子充满希望

家长要教会孩子对生活充满乐观，在黑暗中看到光明，就能让孩子敢于迎接挑战，遇到困难就能勇于面对，遇到危险就会临危不惧，从而建立坚强的个性和韧劲。

## 成长中的孩子也有九型人格吗

妈妈和孩子一起去逛街的时候，不同的孩子会有不同的反应——

有的孩子会拒绝出去逛街，问他为什么，他会说"我对购物没兴趣，我更喜欢自己待着。"有些孩子则会帮妈妈提着袋子，嘴里还说着："妈妈，这个也给我！我来拿！"有的孩子专门喜欢买最贵最好的东西；有的孩子在面对选择的时候，会要求妈妈来拿主意；还有的孩子会想拥有和其他小朋友一样的衣服、发卡等东西。

可见，每个孩子都有各自不同的思维模式和行为特点。究其根本，正是因为不同的孩子具有不同的价值观所致，有的孩子重视自己的想法、有的重视原则、有的重视他人的感受，由此就可以将不同的孩子划分到不同的人格类型里面。

每个孩子从出生的时候开始，就有自己独特的气质，也就是天生的性情和脾气。这从孩子的婴儿时期就可以感受到，有的婴儿脾气很暴躁，经常哭哭啼啼，而另一些孩子则很少哭闹、特别爱笑，这些其实都是婴儿内在气质的外部体现。不过，孩子在婴幼儿时期的情绪并不是仅仅受自己的气质影响，很多时候父母的性格脾性和管教方法也会影响他们的反应。所以，如果想要孩子朝着其所属类型的高层次发展的话，父母就要根据他们固有的性格特征进行引导和教养，让孩子能有一个健康的发展方向。

那么，父母怎样才能知道自己的孩子属于哪种人格呢？

最简单的办法就是平时仔细观察孩子的一言一行，尤其是在他不说话的时候，最能反映出他的类型。而且，年龄越小的孩子越容易观察，因为年龄较小的孩子心理防御机制还没有成型，此时的孩子不会对自己的感受、情绪、想法和行为做出过多的掩饰或抑制，所以父母此时很容易看出孩子大概属于哪一种类型。

相对而言，年龄较大的孩子采取直接观察的方法就不一定那么有效了。不过，孩子每做一件事都是他心理活动的反映，所以父母只要留心孩子的行为、言语甚至是表情，在此基础上保持和孩子的深度沟通，了解他行为背后的心理活动机制，就能获得关于孩子的最准确的信息。

在现实生活中，家长们往往容易忽略孩子行为背后的心理原因，对孩子稍有不满就横加指责。例如，有的父母看到孩子在墙角蹲着看蚂蚁就说他没出息、看见孩子大哭不愿离开父母就埋怨他长大了还不能独立、看见孩子拿着剪刀把新衣服剪得破破烂烂就大怒呵斥说他爱搞破坏，等等。也许孩子自身的一些隐性特质和天赋还没有被发现或是刚刚为此跨出发展的第一步，就被不善于观察的父母无情地扼杀了。其实，当孩子表现出一些在成人眼里不合规矩、有些"乱来"的行为时，只要父母多问他一句，也许就能了解孩子心里的想法，知道他到底为什么会这么做。例如好奇地观察蚂蚁的孩子可能是在探索大自然，不愿意与父母分离的孩子可能是因为缺乏安全感，用剪刀剪衣服的孩子可能是在发挥他的创造力。

另外还要提醒父母注意的是，每个孩子的成长环境都是独一无二的，所以即使是同一种类型的孩子，他们之间在拥有很多共同点的同时也会拥有一些只属于自己的特点，所以家长不要抱怨为什么都是同一类孩子，别人孩子有的优点自己的孩子没有。

要知道，每一型的孩子都会受健康或是不健康的发展影响并因此会产生不同的变化。因此，父母应该在了解孩子的基础上，结合孩子的个性特征采取不同的教育方式，给他们一个舒适的成长环境，创造机会最大限度地令其发挥出自身的优势。

## 确定孩子性格，发现性格优势

爱因斯坦曾经说过："一个人智力上的成就很大程度上取决于人格的伟大。"

那么什么是"人格"呢？

一个下着小雨的中午，车厢里乘客很少。在桥头站，上来一对残疾父子。父亲是个盲人，儿子则只剩下一只眼睛稍微能看到东西。当车子缓缓向前开动时，小男孩开口说："各位先生女士，你们好，下面我唱几首歌给大家听。"接着，小男孩用电子琴自弹自唱起来。

正如人们所预料的那样，唱完了歌曲之后，男孩走到车厢头，开始"行乞"。乘客们都装出一副不明白的样子，或干脆扭头看车窗外面……？

当小男孩两手空空地走到车厢尾时，一位中年妇女大嚷起来："真不知道怎么搞的，乞丐这么多，连车上都有！"听到这番话，小男孩竟然表现出了与年龄极不相称的冷峻，他一字一顿地说："女士，你说错了，我不是乞丐，我是在卖唱。"

这就是人格的魅力。面对尊严被践踏，小男孩把他坚毅的性格和不亢不卑的个性表达得淋漓尽致。

在心理学中，人格就是指每个人不同于其他人或动物特征的总和。人格完整是指人格构成诸要素如气质、能力、性格、信念、人生观等方面能够平衡发展。健康的孩子一定会言行一致，具有积极进取的人生观，并以此为中心把自己的需要、目标和行为统一起来。而心理健康的最终目标是保持孩子人格的完整性，培养健全的人格。对于每个生活在这个社会的孩子来说，健康完美的人格都至关重要，这关系到他们能否健康而愉快地享受生活。

现代心理学把人格分为九型，称为"九型人格"，是婴儿时期人身上的九种气质，包括活跃程度、规律性、主动性、适应性、感兴趣的范围、反应的强度、心境的素质、分心程度以及专注力的范围和持久性。

九型人格原来是在宗教层面上寻找人格的成熟和灵性的启发

而产生的一种理论,现在被广泛应用于心理咨询、教育和商业等多个领域。

  九型人格是一种深层次地了解人的方法和学问,它按照人的世界观、思考方式、行为模式以及情绪特征将人分为九种类型,并认为所有的人都必然属于其中的某一类。九型人格作为一种精妙的分析工具,最绝妙的地方就在于它能够穿透人们表面的行为举止和喜怒哀乐,进入到人心最隐秘的地方,发现人们最真实、最根本的需求和渴望。

  这九种类型分别如下:

|  | 优点 | 缺点 | 主要表现 |
| --- | --- | --- | --- |
| 领袖型 | 果断,自信,不拘小节,独立,勇敢有闯劲 | 具攻击性,以自我为中心,报复心强 | 父母不让做的事情,偏要去做;爱指挥同学干这干那;经常成为班级活动的带领者 |
| 和平型 | 随和,接受能力强,有耐心,协调性好 | 做事缓慢,易懒惰,压抑,优柔寡断 | 怕见生人,害羞;没有爸妈的督促就完不成家庭作业;不喜欢和同学争辩,也不爱出风头 |
| 完美型 | 有条理,负责任,能够自我控制,追求完美,注重细节 | 自我批判过度,爱钻牛角尖,苛刻 | 不玩稍有破损的玩具;作业字迹工整;要求自己必须考100分才能得到奖励;非常注重老师的表扬;容易内疚 |

| 类型 | 优点 | 缺点 | 表现 |
|---|---|---|---|
| 助人型 | 有爱心，乐善好施，随和，善于处理人际关系 | 占有欲强，不懂拒绝，缺少主见，爱随大流 | 喜欢小动物；爱帮助别人，但不考虑自己的实际能力 |
| 成就型 | 自信，适应力强，注意力集中，卓越，有干劲，察觉力强 | 自恋，爱炫耀，争强好胜，逃避失败，害怕被人洞悉自己的内心 | 学习观察能力很强；在小朋友们面前非常注重自己的形象；爱在大人面前表现自己；喜欢出风头受到老师的关注 |
| 浪漫型 | 具有独特性、创造力强，有主见，自信 | 情绪变化无常，对批评过度敏感，易忧郁、妒忌 | 认为自己才是正确的；生活中我行我素追求独特；情绪变化很快，易激动；经常沉迷于自己的幻想当中；喜欢向老师父母提出奇奇怪怪的问题 |
| 思考型 | 遇事冷静，条理分明，观察敏锐，求知欲强，分析能力突出 | 沉默寡言，缺乏活力，反应缓慢，固执死板 | 喜欢和身边的同学保持一定的距离；不喜欢参加课外活多；对《大百科全书》等类型的书很感兴趣 |
| 怀疑型 | 做事谨慎负责，团体意识很强，务实，守规 | 不轻易相信别人，多疑虑，安于现状，缺乏创造力 | 对父母依赖性很强，不喜欢单独活动；在学校遵守校纪校规；对待学习踏实认真 |

（续表）

| 活跃型 | 热情开朗，乐观，积极主动，具有感染力 | 做事欠缺耐性，亦冲动，定力很差 | 贪玩，很容易对电子游戏机上瘾；多才多艺，喜欢带动朋友之间的气氛；不喜欢受老师父母的管教；学习特长时经常半途而废 |

毫无疑问，九型人格也已经成为家长进入孩子的世界、从最深的心理层面了解、发现孩子的有利工具。世界上没有完全相同的两个孩子，每个孩子都是独一无二的，性格也是千差万别的，有的孩子性格内向，有的则活泼开朗；有的谨小慎微，有的则无所畏惧。孩子的这些特质都是需要父母通过日常生活中的仔细观察才能掌握的。同时值得注意的是，每一个人的成长环境也是不同的，所以同类型孩子之间可能有许多共同点，却也各自拥有一些只属于自己的东西。这些类型并无优劣之分。事实上每一型的孩子都各有其优缺点，父母不应该为孩子贴标签，然后拿着"类型特征"的借口限定孩子，或者是武断地认定孩子未来的发展状态。优秀的父母应该具备观察孩子特质的眼睛，了解他的喜好厌恶、长处短处、优势劣势以及可以长足发展的潜能，帮助他扬长避短，根据他的优势潜能重点打造，同时补足他的短板。

## 性格各有优势,家长不必强求

一个妈妈有两个儿子,大儿子今年上四年级,懂礼貌,成绩好,在家里和学校都表现很好。但是刚上二年级的二儿子则是一个不折不扣的淘气包,在学校上课从来不认真听讲,回家也不听妈妈的话,甚至有一次还偷了别人的钱包。这个孩子生性冲动,莽撞,学习成绩也很糟糕,孩子对此也感到无奈,甚至在日记本中写下了"想要自杀"几个字。

妈妈苦恼地找到心理医生,心理医生认为妈妈是一个对孩子要求十分严格的人,一旦发现儿子冲动、莽撞的行为就会马上进行严厉批评,而小儿子是一个典型的活泼爱玩闹的性格,脑子里经常会冒出奇思妙想,而且总是试图把这些想法付诸实践。这种孩子好胜心强,跟朋友接触也总是想在竞争中领先,喜欢听到他人的称赞。所以当妈妈强硬地想要把他的性格变成和哥哥一样的性格的过程中,小儿子在心理上逐渐远离了妈妈,同时由于实现自己价值的愿望没有得到正确表达,所以那些过剩的能量就以错误的方式和不适当的行为表现了出来。

听了医生的这些话之后,妈妈首先接受了孩子的性格特点,改变了对小儿子的态度,儿子犯错误的时候不再骂他,而是以提出建议为主,只要有好的表现就会立刻表扬他。过了不久,妈妈又征求孩子的意见,假期要去做什么,小儿子乖巧地回答:"只要是妈妈让我做的,我都愿意去做。"在妈妈的眼里,活泼的小儿子也变得非常可爱。

孩子正处于性格完善的阶段,他们对自己的性格很关心,希望了解自己到底是什么样的人,以及自己以后会有什么样的特长和发展,所以大家都很关心自己的性格特征,还有人会担心自己的结果出来不理想。但是真实情况是性格评估不是为了寻找个人身上存在的"毛病"的,而是要寻找潜藏在每个人内心中的性格特征,从而使人更自信自爱的。性格是一个人区别于其他人的特征,没有好和坏的区别。可能有人会说在任何场合直言不讳地说出自己意见的人是一个率真、爽快的人,但是也有人说这种人过于直接,会伤害别人,所以关于性格的好坏之分,只是别人的主观判断,每个人区分好坏的标准都是不一样的,所以别人口中的"好与坏"只是相对的说法。

虽然性格能够在一定程度上左右人的行为,但是我们不能把所有的行为全都归结为性格原因,所以做性格测试只是去了解自己的性格,而不是医生做诊断,所以大可不必把性格类型想得过于严重。

现在的社会中,人们总是觉得外向的人更受欢迎,更容易相处,而且也更适应社会。而那些内向胆小的人就总是觉得自卑,讨厌自己的性格,对周围那些活泼开朗、能说会道的人总是怀着羡慕之情。

其实认为外向性格比内向性格更受欢迎是一种社会偏见,并没有任何的科学根据。事实上外向与内向各具优势。在需要对外部环境变化做出迅速而准确反应的行业中，比如推销员，外向性格的确具有优势；但是在需要对人内心变化有敏锐洞察力的行业中，比如文艺创作，内向性格就会具有一定的优势。《哈利·波特》的作者 J.K. 罗琳就是内向性格成功的典范。所以说性格并没有好坏之分，而是要在了解自己的性格之后让自己的性格发挥最大的作用。

另外，健康的心灵状态要求个人内心与外在世界达到和谐统一。因此，内向的人要适当地关注外部世界，多多练习如何与他人相处；而外向的人也应该通过阅读、写作等方式，练习深入了解自己的内心世界，增强对他人和自己情绪的感受能力。

## 按天性生长，更容易长成大树

许多年来，心理学家都在探讨一个问题：性格究竟是天生的，还是在成长过程中形成的呢？实际上，性格是天生具备的特点，但是会受到环境的影响。这种从小保留下来的性格是天生性格，而成长过程中因为受到周围环境影响形成的性格是后天性格。

既然性格是人固有的特征，那么最大限度地发挥性格优点就是自我实现的过程。著名心理学家卡尔·古斯塔夫·荣格在《心理类型学》一书中提出："植物要开花结果，首先需要的是适合自己的土壤。"就像不同的花朵需要在不同的生长条件才能开出绚丽的花朵一样，不同性格的孩子也需要在不同的环境去培养才能实现自己最大的价值。只有把"本性的根"种植在"适合的土壤"中，这根最终才能成长为"茁壮的树"。

帅帅是一个活泼的男孩子，总是精力充沛，但是她妈妈却总是希望他能安安静静地坐在书房里看书，所以经常把他放在书房里不让出门。这样过了一段时间之后，不仅帅帅的学习成绩没有得到提高，整个人也变得萎靡不振，天天无精打采的。

了解自己的性格是认识真正自我的过程，了解自己的性格就像是在思考自己是属于什么样的"树"，也可以说是了解自己到底是什么样的人的过程。每个人都想实现自我的机制，但是想要成为人生的主人，就必须要了解自己天生的性格。不过性格的培养不是随意进行的，而是需要根据天生的性格进行培养，与其说这是一个培养的过程，不如说是一个让天生的性格更加健全的过程。而为这一过程奠定基础的就是父母提供的成长环境，父母对孩子的任何期望都应该建立在了解孩子的天性的基础上，只有这样孩子才能更好地了解自己，接纳他人，并使自己的努力更加有效率。让孩子按照天性去成长，孩子会更容易成材。

世界上没有不爱孩子的父母，但是如果父母不考虑孩子的真正需要，一意孤行地采取单方面的行为，这样最终会毁掉孩子。只有父母首先认可了孩子天生的性格，并且按照孩子的性格来设计未来，这样孩子才会感觉到幸福，才会更容易成材。

## 第三章

## 教出自信乐观，让孩子遇见最棒的自己

## 让快乐陪伴孩子左右

几乎没有人不喜欢天真烂漫、活泼欢快的孩子。可是,做父母的是否想过,孩子很小的时候像皮球儿一样,在父母和爷爷奶奶以及幼儿园之间被踢来踢去。上学了,球儿踢给了老师和学校。从此,孩子整天背着沉重的书包,整天有写不完的作业,上不完的课外班儿,他们真的快乐吗?

孩子学习的动力、效率,身心的健康,个性的养成,都离不开快乐的生活。快乐对于孩子的学习成长非常重要!心理学家认为,快乐既是一种心情,也是一种"性格"。快乐的心情有起有伏,快乐的性格则较稳定。

快乐的性格是可以培养的。教育专家们已找到培养快乐性格的一些要素,为人父母的只要在这方面留意,就可能培养出具有快乐性格的孩子。

### 1. 温馨幸福的家使孩子快乐成长

为了孩子,父母自己首先要做一个快乐和知足的人。专家指出:"出身于快乐家庭的孩子,长大后也比一般人快乐些。"其中可能与遗传因素有关,但父母所缔造的快乐环境也是孩子快乐的重要源泉。

把家变得更温馨，看来是个小问题，但对孩子而言，这却是很重要的。如果家里乱七八糟，孩子会不希望小朋友来家里玩。另外，井井有条的家会给孩子带来平和与满足。需要注意的是，温馨不代表干净过头，因为舒适才是快乐的一个组成部分，而干净过头只会给孩子带来束缚。

对于一个家庭而言，无论是每天共同进餐，还是一起庆祝生日或节日都是相当温馨的。过春节时包饺子、放鞭炮，过生日时切蛋糕、点蜡烛，周末全家外出晚餐，月末全家一起看儿童电影等，这些熟悉而亲密的传统习惯都能赋予孩子生活的意义，加强家庭成员之间的感情。

另外，笑对孩子的健康非常有好处。有些父母喜欢在孩子面前保持严肃的形象，以为这样才有尊严。其实不是那么回事，笑出声来，并不会失去你的尊严，反而会让家中充满快乐的笑声。

### 2. 兴趣爱好是孩子永远的快乐

研究发现，全身心投入到一项充满挑战的任务中去，会给人带来很大的快乐。对于孩子而言，培养他的兴趣爱好，例如集邮、绘画等，让他投入其中，会让他很快乐。但这里的投入并非指给孩子安排满满的绘画课程或者舞蹈练习等，因为那样只会让孩子失去兴趣，失去从中得到的快乐。兴趣爱好不一定是某种竞技，却同样可以开发孩子的智力，更能让孩子从中学会投入的快乐。

快乐的人生活过得很平稳，因此他们可从很多方面得到快乐。

倘若一个孩子只能从一种事情上发现快乐，那是相当危险的。比如，某个孩子可能因为错过了他喜欢看的电视节目而整晚都不开心；但另一个兴趣广泛的孩子，他就会改为看书或游戏，并同样自得其乐。所以，父母协助孩子培养广泛的兴趣很重要。

### 3. 让音乐带给孩子快乐

家长都有这样的经历，有时听一首好歌会让人精神振奋，身心舒畅。音乐可以陶冶人的情操，古代的西方人甚至坚信音乐可以医治一个人肉体和心灵的创伤。现代儿童医学研究发现，给患病的孩子听他们喜爱的歌曲，可以减轻他们的疼痛症状。而对于健康的孩子来说，全家在一起唱唱歌、听听歌，他们往往也会很快乐。

### 4. 引导孩子迅速恢复愉快的心情

快乐的人与其他的人一样也有情绪低落的时候，但他们却能很快地恢复过来。做父母的只要指出任何困难情况都会有一线转机，教导孩子不屈不挠，便能帮助孩子掌握这种使自己变得快乐的本领。倘若经过努力也没能扭转情况，父母便应帮助孩子寻求安慰自己的办法。每个人都有应付坏心境的方法，但有些是有害的，不值得提倡的。父母应指导孩子做些能平复其心情的活动，如听音乐、看书、骑车、向朋友倾诉心声等。

### 5. 让孩子体会亲近大自然的快乐

生活在现今的高科技时代，成人们常常忘了亲近大自然。对孩子来说，大自然充满了神奇的力量，无论是雨雪、白云，还是花开、叶落，都可以从中发掘到很多快乐。亲近自然还可以培养孩子的各项感官能力、观察能力、反应能力。

专家研究发现，花工夫饲养小动物是值得的。因为当孩子感到担忧或害怕时，小动物的陪伴会让他们觉得安心一些。通过饲养小动物，孩子可以学会体贴和照顾他人，感觉到自己的价值，有成就感孩子自然会很快乐。

### 6. 教会孩子解决问题的技巧

当孩子认为自己能解决一些问题时，可以让他们产生良好的自我感觉，能树立起信心，并且有了下次自己解决难题的勇气。

当他们遇到难题时，你可以按下面的步骤教会他们解决问题的技巧：

（1）发现问题；

（2）让孩子描述出他想要的结果；

（3）帮他设计出要达到这个结果的步骤；

（4）让他自己想，哪一步他能够自己完成，哪一步需要别人的帮助；

（5）在他确实需要帮助的步骤上提供帮助。

### 7. 给孩子展示自己的机会

每一个孩子都有自己独特的天赋和技能，展示这些能给他们带来极大的喜悦。"妈妈，我给你讲一个故事好不好？"这时即使你在厨房做饭，也要满足他这个愿望，并适时地给予肯定："你讲得真是太棒了！"要知道，能和你分享他喜欢的这个故事，对他是多么的快乐。孩子的热情能通过你的分享和肯定，转化成良好的自尊、自信，而这些品质对他们一生的快乐都是最宝贵的。

### 8. 给孩子提供决策的机会和权利

常言道，童年应该是一生中最快乐的时期，但心理学家对这个说法持保留态度。孩子向来对一切事情都没有做主的份儿，不论是晚餐吃什么，还是家里要买什么东西，他们都不能过问。孩子都有这种无力过问的感觉，因而童年可能并不像成人所想的那么愉快。因此，让孩子自由地做一些选择，是培养他形成快乐性格的一个重要因素。

当然，父母在大多数事情上不能做主，但有些事让孩子做决定也无妨。例如听任 2 岁孩子吃黄瓜而不吃胡萝卜，或让 6 岁的孩子从父母准他看的电视节目中挑选一个来看。即使在这个层次，儿童也会在选择中令自己开心。

### 9. 教孩子与人和睦相处

与人关系融洽是快乐的一个重要条件。尽管父母不能完全支配孩子的社交生活，但却可以通过与孩子的亲近关系，引导他们如何与人相处。因此儿童与他人和睦相处的前提是，他们与父母的关系要好。

父母可以尽量安排孩子常与别的孩子一起玩，例如参加游戏小组，或带孩子到游乐场去跟年龄相仿的孩子玩耍；要是能随时欢迎孩子的朋友到家里来玩，那就更好。父母还可以帮助孩子培养他设身处地为他人着想的态度。他们大可谈谈家里的人、故事或电视节目中的人可能会有的感受。

### 10. 不要苛求孩子完美

孩子毕竟是孩子，各方面的能力有限，总有这样或者那样的不足。父母不可太过于追求完美，父母如果总是对孩子表示不满和批评孩子，会伤了孩子的自尊，失去自信。所以，下一次当你再要抱怨的时候，先想一下，这个过错是不是跟他们的年龄有关？十年后他们还会这样做吗？如果你的答案是否定的，就别再唠叨个没完。

让孩子从心里笑出来吧！快乐本来就应该是孩子最重要的情绪。就身体发育而言，它能使人各方面机能达到最佳状况；就心理发展而言，它能给人积极向上的力量；就学习而言，在放松的心境下才能使大脑处于积极的接收和运转状态，从而发挥出最佳的效果。

## 接受鼓励是孩子成长的重要内容

鼓励是养育孩子最重要的一面，每一个孩子都需要不断地鼓励。当一个幼儿来到这个世界，他们常会感到束手无策，会发现成人的世界好精彩，而自己的能力却好无奈，连走路这样简单的事，都要慢慢学来，这是多么严酷的现实啊！尽管如此，仍然有勇气进行各种尝试，以使自己适应、融入这个世界。孩子们就是在这种一无所有的情况下，瞄准"万能"的成人世界，开始万里跋涉的。他们从最基本的技能学起，希望有一天能自立，能够成为家庭、社会中称职的成员。在这种时刻，他们最需要的是鼓励，是战胜困难的信心和勇气，这也是我们家长能够给予孩子的最宝贵的支持。

但在生活中，我们往往忽视鼓励的重要性，常忘记鼓励、轻视鼓励。许多家长错误地认为孩子需要的是教育，而教育更多的是训导与惩罚。鼓励是什么，他们不了解，也不在乎。他们没有认识到没有鼓励，孩子就不能健康地成长，没有鼓励，可能使孩子产生不良行为，并由此有许多打击孩子自信心的事情发生，甚至成年人在无意当中给他们设置了许多障碍，而不是帮助他们。我们这样做的根本原因是不相信他们的能力，并在我们的意识中已形成偏见。在一个孩子的成长过程中，接受鼓励而产生自信心是非常重要的成长内容，是我们父母应时刻关注的教养步骤。

小孩子要帮助大人干活是好事，干不好也是正常的，父母应该多加鼓励。让孩子学习做家务，本来就是父母教育孩子的一种手段，何况孩子乐意主动帮忙。所以，当孩子想做事的时候，作为父母要保护他们的积极性，鼓励他们并承认他们的能力。当然，孩子越帮越忙的事是难免的，也确实让父母感到麻烦，但父母只要花点心思，这个问题是能够解决的。

小孩子特别喜欢跟在大人后面"帮忙"，而事实上许多家务如拖地板、洗衣服等对他们来说太大，不切实际地让他们插手，显然只能越帮越忙。这时应该转移他们的注意力，引导其做一些力所能及的、以自我服务为主的事，如整理图书、系鞋带、叠衣服等。

我们还可以让孩子每天干好一件事。我们可以告诉孩子："宝宝是个好孩子，知道帮妈妈做事。不过你现在还小，一下子做这么多这么复杂的事做不好，你每天只负责做一件事，把它干好，行吗？"孩子高兴地答应了，就要立即开始行动。比如让孩子干的第一件事是整理自己的小书桌，做了示范后孩子像模像样地先擦擦灰，再将零乱的物品放整齐，我们提醒他每天不忘记做，以培养他的责任感，很有效。一件事情做了一段时间，孩子做得熟练了，再替他换个新工作，让他有一个新鲜感，像每天餐前为家人放好碗筷、收拾全家人的鞋子等都是可以让孩子干的事情。孩子受到鼓励，乐此不疲，信守契约，隔一段时间给他换一件新工作，孩子就会在不断的劳动中学到很多新的技能。

我们许多人在小时候，都特别喜欢帮父母做事，可父母一方面嫌我们添乱，总是把我们赶开；另一方面他们又对我们极为关爱，处处照料周到，连自我服务的事也很少做。渐渐地，我们对做家务的事不再关心，也不想帮忙了。从小到大，从饮食起居到择业婚姻，无一不是父母包办代替。这使我们失去了许多磨炼，常常被一种怯懦的情绪困扰，在生活中经常处于一种劣势，不知错过了多少宝贵的机会。

作为家长我们常常有一种先入为主的观念，认为孩子到了某种年龄,才能做某种事情,否则的话,他就是太小,太缺乏能力,不能做这类事情。但是我们往往想错了,往往孩子在那个年龄那个时刻是可以做得很好的,而且他做得还会很有兴趣很有意义,但是我们却人为地推迟了他学会本领的时间,而且最关键的是我们的这种做法,会使孩子失去自信,怀疑自己的能力,减弱他们的进取心,以至我们认为他们应该做某件事时,他们却早已失去了做那件事情的兴趣。这种消极影响将会对孩子的一生都有作用。

　　王平的女儿4岁了,他吸取自己的教训,2岁起就鼓励她自我服务,虽然她洗脸洗成"落汤鸡",牙膏一挤一大堆,吐口水吐到了自己的鞋子上,他还是快乐地告诉她:"宝贝真能干,让爸爸来教你,你会做得更好。"女儿的小嘴挺甜,学着她妈妈的样子说:"我下次就会做好的,爸爸请你放心。"由于从小受到鼓励,女儿最快乐的事就是帮大人干活,有时大人到田地里干活,她也拿个小火铲一起挖土。大人做完一件事感到很累很高兴,她也会说,"今天好辛苦,不过你们的功劳也有我一份!"但有的时候,忙没帮上,还搞得家里一片狼藉。这时他和妻子宁可偷偷帮她修正,也很少责怪她或不让她插手。添乱是暂时的,只要孩子有兴趣,就一定会越做越好。

　　你可能会说,孩子最常发生的事就是看见大人在做事就想帮忙,你在洗衣服,他突然把手放进去搅拌一番,半截袖子也跟着浸在肥皂水里;淘米时,一不小心,他的泥巴手又来了。你也许会说,"快走开,别捣乱。"孩子可能会为此而消沉,以后对家事变得不再关心,而等到父母想要孩子帮忙时,他早已没有兴趣了。事实上,小时候"牵手不动"的孩子,长大也不太会做事。所以父母想要使孩子成为一个能干的人,就要容忍孩子从"帮忙添乱"开始。

孩子刚开始尝试做事,不可能不犯错误。这时家长的态度对孩子今后的发展很重要,你绝不能让孩子脑中留下自己是个"笨蛋"的印象。因为这样会使孩子产生一种自卑心理,严重的会使孩子做什么都会感到自己无能而不想尝试,正确的做法是一件事情失败了只是说明孩子缺乏技巧,这种技巧只是因为父母没有很好地传授或孩子还没有学会。我们应该培养孩子有勇气去犯错误、去纠正和改正错误,敢于从失败中获取成功,从中获取自信力和自尊心。这就要求我们不要讽刺他们,使他们受到不同程度的打击;当然,也不要过分赞扬他们,以免产生骄傲情绪,要使孩子始终充满自信地活着,同时我们还要不断地鼓励孩子的自信心。

你为何不把握具体情况,给孩子以实际指导,鼓励孩子使她由"帮忙添乱"成为真正的小帮手呢?她想洗袜子,你就从抹肥皂到过水手把手地教她;她想烧菜,你就请她到厨房教她先择菜;她想洗碗,你就先教她怎样使用洗涤剂或先洗一只,然后再逐渐增加……

此外,许多孩子之所以越帮越忙,很重要的原因是由于工具不合适造成的,成人用惯了的拖把、扫帚、抹布等工具,对孩子来说太大了,妨碍他们做事,结果才弄得越帮越忙的。欲善其事,先利其器，给孩子准备合适的工具，既是对孩子帮忙做事最大的尊重和鼓励。我们不妨到超市给孩子买来小扫帚、小簸箕、小拖把等做事工具，让孩子用起来得心应手，我们干家务活时，她也兴致勃勃地擦自己的小桌子小凳子，收拾自己的小床、抽屉等等。凡事没有生来就会的，总是要经过不断地学习和摸索。我们应该多一分耐心，多一点宽容，恰当地引导，不但使孩子能掌握一定的劳动技能，同时还能培养起劳动观念、劳动习惯和责任感以及对父母辛劳的理解。

## 不要挖掘温柔的"陷阱"

有份报纸曾经刊载了这样一则消息：一位母亲为他的孩子伤透了心，她不得不去找专家咨询。

专家问，孩子系鞋带的时候打了一个死结，您是不是不再给他买带鞋带的鞋了？母亲点了点头。专家又问，孩子第一次洗碗弄湿了衣服，您是不是不再让他走近洗碗池？母亲点头称是。专家接着说：孩子第一次整理自己的床用了一个小时，您嫌他笨手笨脚对吗？

这位母亲惊愕了，从椅子上站起来，凑近专家问："您怎么知道的？"专家说，从那根鞋带知道的。母亲问，以后我该怎么办？专家说，当他生病的时候，您最好带他去医院；他要结婚的时候，您最好给他准备好房子；他没钱时，您最好给他送去。这是您今后最好的选择，别的，我也无能为力。

孩子成长的道路上，存在着一个非常温柔的陷阱，就是那些过分庇护孩子的父母亲手挖掘的、掉进陷阱里的孩子，由于被剥夺了犯错误和改正错误的机会，从而也失去了长大成人的机会。专家刚才所说的话，是告诉这位母亲不要事必躬亲，孩子大了，应有孩子自己的活动空间。

很多小孩不好好吃饭，他们紧紧闭着嘴，把刚刚喂进去的食物一张嘴全喷出来，而且玩似的大笑起来。当父母的在这时既不要生气，也不要无奈，这其实是我们什么事也不让孩子做把孩子闲出来的毛病。

美国家庭注重对孩子独立生活能力的培养，反对过分保护孩子。一方面过分保护会使孩子失去锻炼、成长机会，另一方面过分保护也使孩子感到能力缺乏，因而对自己失去信心。孩子们需要一定的空间去成长，去试验自己的能力，学会如何对付危险的局势。不要为孩子做任何他自己可以做的事。如果我们过多地做，就剥夺了孩子锻炼发展自己的机会，也剥夺了他的自立能力的形成和自信心的建立。

明智的父母，应当鼓励孩子的自信心，让孩子根据自己的条件，尽量地培养自理能力，发挥自己的潜能，使自信心在能力的支柱上成长。

## 自卑和自信仅一步之遥

世上大部分不能走出生存困境的人都是因为对自己信心不足,他们就像一颗脆弱的小草一样,毫无信心去经历风雨,这就是一种可怕的自卑心理。所谓自卑,就是轻视自己,自己看不起自己。自卑心理严重的人,并不一定是其本身具有某些缺陷或短处,而是不能悦纳自己,总是自惭形秽,常把自己放在一个低人一等,不被自我喜欢,进而演绎成别人也看不起自己的位置,并由此陷入不能自拔的痛苦境地,心灵笼罩着永不消散的愁云。

湖南有一位大学生,毕业后被分配在一个偏远闭塞的小镇任教。看着昔日的同窗有的分配到大城市,有的分配到大企业,有的投身商海。而他充满梦想的象牙塔坍塌了,烦琐的现实,好似从天堂掉进了地狱。自卑和不平衡感油然而生,从此他不愿与同学或朋友见面,不参加公开的社交活动。为了改变自己的现实处境,他寄希望于报考研究生,并将此看作唯一的出路。但是,强烈的自卑与自尊交织的心理让他无法平静,在路上或商店偶然遇到一个同学,都会好几天无法安心,他痛苦极了。为了考试,为了将来,他每每端起书本,却又因极度的厌倦而毫无成效。据他自己说:"一看到书就头疼。两分钟一个英语单词记不住;读完一篇文章,头脑仍是一片空白。最后连一些学过的常识也记不住了。我的智力已经不行了,这可恶的环境让我无法安心,我恨我自己，我恨每一个人。"

几次失败以后他停止努力，荒废了学业，当年的同学再遇到他，他已因过度酗酒而让人认不出了。他彻底崩溃了，短短的几年成了他一生的终结。

一个怀有自卑情结的人，往往坐失良机。当大好的人生机遇出现在眼前时，自卑者往往不敢伸手一抓，不敢奋力一搏。未战心先怯，白白贻误良机。

更重要的是，具有自卑情结，会造成人格和心理的卑怯，不敢面对挑战，不敢以火热的激情拥抱生活，而是卑怯地自怨自艾。久而久之，积卑成"病"，失去应有的雄心和志气。

其实，自卑情结有的时候可以转化为巨大的动力，有的时候可能转化为巨大的消极因素，关键看你如何对待它。这种转化就是把自卑转化为自信。观念一旦转变，自卑就变成自信了。

一切靠自己打天下，谋身立命，创建生活，这是一个多么骄人的品格。当你有了一个成功的人生时，这是值得你回顾的一个人生意味。对于一个有点心理障碍、有点缺陷就自卑的人，可以告诉他：不必自卑。当你战胜了这些心理障碍，你肯定比别人富有。因为你对心理的体验能力绝对要比其他人更深刻，你有了解自己心理和了解别人心理的能力，消除了自卑，缺陷反而促成了你的成功。如果让你去寻找这个世界上最优秀的人，你会到哪里寻找？其实，在这个世界上，你时刻都要坚信这一点：最优秀的人就是你自己。要相信自己，才能做自己命运的主宰。

风烛残年之际，智者知道自己时日不多了，就想考验和点化一下他的那位平时看来很不错的助手。他把助手叫到床前说："我需要一位最优秀的承传者，他不但要有相当的智慧，还必须有充分的信心和非凡的勇气。这样的人选直到目前我还未见到，你帮我寻找和发掘一位好吗？"

"好的，好的。"助手很温顺、很诚恳地说："我一定竭尽全力地去寻找，以不辜负您的栽培和信任。"

那位忠诚而勤奋的助手，不辞辛劳地通过各种渠道开始四处寻找了。可他领来一位又一位，都被智者一一婉言谢绝了。有一次，病入膏肓的智者硬撑着坐起来，抚着那位助手的肩膀说："真是辛苦你了，不过，你找来的那些人，其实还不如你……"

半年之后，智者眼看就要告别人世，最优秀的人选还是没有眉目。助手非常惭愧，泪流满面地坐在病床边，语气沉重地说："我真对不起您，令您失望了！"

"失望的是我，对不起的却是你自己，"智者说到这里，很失望地闭上眼睛，停顿了许久，又不无哀怨地说："本来，最优秀的人就是你自己，只是你不敢相信自己，才把自己给忽略、给耽误、给丢失了……其实，每个人都是最优秀的，差别就在于如何认识自己、如何发掘和重用自己……"话没说完，一代哲人就永远离开了这个世界。

那位助手非常后悔，甚至整个后半生都在自责。

"相信自己，我就是主宰"，这是成功人士的座右铭。我们现在可能不是想象中的某种"人才",但也要相信自己有潜力成为那样的人。自卑于现状裹足而行的,永远不可能成就自己。只有自信者,才会努力塑造自己,向着成功迈进。

## 努力成为自己心目中的"英雄"

由于生理缺陷、家庭条件、学历、才能、生活挫折等各种原因的影响,青少年容易披上自卑的阴影。自卑,即一个人对自己的能力、品质等做出偏低的评价,总觉得自己不如人、悲观失望、丧失信心等。自卑是一种消极的心理状态,是实现理想或某种愿望的巨大的心理障碍。

当"毛孩"于镇环从容面对电视前的观众侃侃而谈时,谁也想不到他是在自卑中长大的。当他面对自己浑身的毛不能出门时,他说他甚至想到了自杀。从小到大他成了稀罕物,在别人的指指点点中,他看见自己在他人心中的怪异。自卑差点淹没了他,但强烈地活下去的念头就像沙漠中的一线碧绿,让他生出希望。于镇环说有一天他懂得了换个角度去想,不再以别人的眼光看自己,他认为自己是特别的,自己的那身毛是上苍赐予他的,他更要好好地活着。于是他学会了不在乎,并且找到了自己的长处,当他以自己的歌声终于赢得了世人对他的认可时,于镇环找回了自信。他开始相信上帝对每一个活着的生命都是公平的。

人是由来自父亲的23个染色体和来自母亲的23个染色体偶然结合而成。每一个染色体有几百个基因，任何一个基因变了，人也就变了。也就是说，这个世界上诞生你的概率只有300万亿分之一；假设你有300万亿个兄弟姐妹，那么你还是你，总有地方与他们不同。正如这个世界上有那么多的树叶，但绝对找不到两片完全相同的。所以，我们每一个人都应该珍惜自己、热爱自己。我们每个人都是太阳下面的一个新生事物，我们应该呼吸属于自己的一份氧气，占有属于自己的一份空间，充分地相信自己。

自信正是一种美妙的生活态度，正如一位成功者说："以前当我一事无成时，我怀疑我的能力，被自卑感所打倒，于是我觉得生活痛苦、黯淡无光；后来我取得了一些成就，恢复了对自己的信心，于是思想上也变得乐观、豁达，从而我的生活也随之变得美好了。"

而自卑是一种心理暗示，给你这种暗示的，正是你自己。你给自己贴了失败者的标签，就注定自己的一生是失败的！有人说：自卑像一把潮湿的火柴，再也燃不起兴奋的火花。长期被自卑笼罩的人，不仅斗志易被腐蚀，心理失去平衡，而且生理也会出现失调和病变的现象。

自卑的人，总哀叹事事不如意，老拿自己的弱点比别人的强处，越比越气馁，甚至比到自己无立足之地。有的人在旁人面前就脸红耳赤，说不出话；有的人遇上重要的会面就口吃结巴；有的人认为大家都欺负自己因而厌恶他人。因此，若对自卑感处置不妥，无法解脱，将会使人消沉，甚至走上邪路，坠入黑暗的深渊，或走上自毁的道路。不良少年为了逃避自卑感会加入不良集团。

因而，如果你发现自己自卑，就要用理性的态度把它铲除掉。其实铲除自卑并不难，只要我们拥有驱除自卑的灵丹妙药——自信。以下就是一些树立自信心的方法。

**1. 每天照三遍镜子**

清晨出门时，对着镜子修饰仪表，整理着装，务必使自己的外表处于最佳状态。午饭后，再照一遍镜子，修饰一下自己，保持整洁。晚上就寝前洗脸时再照照镜子。这样，一整天你都不必为自己的仪表担心，而会一心去工作、学习。

**2. 参加集会时，坐在前面**

坐在前排，是培养自信的一个好方法。坐在前面比较显眼，没错！虽然坐在前排较醒目，但是别忘了想不醒目而成功是不可能的。成功本身就很显眼，引起别人注意可以增强你的心理承受能力。

现在起，你可以在参加各种集会时尽量以坐在前排为原则。只要走入人群，就坐到人群的最前面去。如果你能养成自动坐到前面的习惯，那么，这种习惯会带给你无限自信。

**3. 和别人谈话时，注视对方的眼睛**

凝神注视对方，等于告诉对方："我是正直的人，对你绝不隐瞒任何事情。我对你说的话，是我打心底里相信的事情。我没有任何恐惧感，我对自己充满了信心。"

### 4. 微笑，给自己更多自信

微笑是自信缺乏者的特效药，微笑能给自己带来自信，使你祛除恐惧与烦恼，击碎消沉的意志。微笑能唤起对自我的认同，当你微笑时，说明你看重自己和自己的状态，对自己感到满意，这将有助于你更上一层楼；你微笑，在别人看来你是一位大方开朗的人，无形中会让对方产生好感并吸引对方，由此更能赢得别人的尊重。

### 5. 走出自信

经常用一些新的姿势走路，这对自信形象的树立既简单又有效。比如，你可以比别人快 20% 的速度走路，一个人步伐的加快将大大地促进自己心态的调整和改变。走路姿势是你是否自信的外在表现，因此，如果你自信，不妨时刻提醒自己：抬头！挺胸！走快点！步子迈大点！

## 相信自己是最棒的

古时有句谚语："每个人的心中都隐伏着一头雄狮。"不言而喻，这头雄狮就是你自己，雄狮一旦从沉睡中醒来，你就会势不可挡，所以每个人都可以做最棒的自己。

比尔·盖茨的成功看起来似乎是商业达尔文主义和全球资本主义联姻下的奇迹，是自由竞争和市场强权双重杠杆游戏下的神话。但从另一个角度看，他那种与生俱来的自信、进取以及持之以恒的积极心态给了他无比的动力，激励他从容应对生活的挑战，并最终成为全球最年轻的白手起家的亿万富豪。

盖茨曾就读于西雅图的公立小学和私立的湖滨中学。在那里，他表现出了在软件方面的极大兴趣，并且在13岁时开始编写计算机程序。

1973年，盖茨考进了哈佛大学。在那里他和现在微软的首席执行官史蒂夫·鲍尔默住在一起。在哈佛的时候，盖茨为第一台个人计算机开发了BASIC编程语言的一个版本。

大学三年级，盖茨从哈佛退学，全身心投入其与童年伙伴艾伦于1975年合伙组建的微软公司。盖茨深信个人计算机将是每一部桌面办公系统以及每一个家庭的非常有价值的工具，并根据这一信念开始为个人计算机开发软件。

盖茨有关计算机行业的预见及自信一直是微软公司在软件业界获得成功的法宝。盖茨积极地参与微软公司关键的管理和战略性的决策，并在新产品的技术开发中发挥着重要的作用。他的相当一部分时间用于会见客户和通过电子邮件与微软公司的全球雇员保持联系。

在盖茨的带领下，微软的使命是不断地提高和改进软件技术，并使人们更加轻松、更经济有效、更有趣味地使用计算机。微软公司拥有长期的发展战略，并投入大量资金到研究与开发中。不断进取是盖茨对自己和微软公司的要求。

他本人自始至终都是一个以工作狂而著称的人，即使到了39岁结婚的时候，他还经常加班工作到晚上10点以后。尽管微软公司一向以员工习惯性加班和拼命工作而闻名，但那些员工还是心悦诚服地说，他们之中没有谁能比盖茨付出的多。更重要的是他那种对事业执着的、坚持不懈的奋斗，谁都难以企及。

盖茨自己曾经不止一次地说过："微软是我永远的情人。"其实，在通往微软帝国辉煌的道路上，盖茨经历过无数次痛苦和无奈的选择，当求学、爱情、婚姻和事业发生矛盾或者冲突的时候，他都会毫不犹豫地放弃学位、心爱的女人，而选择微软和自己的事业，因为他坚信自己在这一行是最棒的。

这一切，带给他的是永垂千古的辉煌成就：白手起家创立微软公司，31岁时成为有史以来最年轻的亿万富翁（后来这个纪录被打破）；39岁时身价一举超越华尔街股市大亨沃伦·巴菲特而成为世界首富；同年，以一票之差击败通用电器的杰克·韦尔奇，被《工业周刊》评选为"最受尊敬的CEO"。微软公司上市之后，市值也节节攀高，超越波音、IBM，接着又超过三大汽车公司市值总和，直至突破5000亿大关超越通用电器（GE），成为全球市场价值最高的公司，年营业额超过世界前50名软件企业中其他49家的总和。即使在2002年被美国司法部和19州围追堵截的境况下，仍被评为"最受尊崇的公司"。

盖茨和微软，创造了20世纪最美丽的财富神话，吹响了信息时代最嘹亮的号角，尽管在这个过程中充满了刀光剑影的厮杀和不平等的残酷竞争。盖茨是魔鬼还是天使，微软是新科技的缔造者，还是商业规则的破坏者，现在还没有谁能下一个公正的结论，但有一点是毋庸置疑的：盖茨不是靠幸运取得成功的，微软也不是建立在偶然基础上的软件帝国；盖茨是电脑天才，但更是一个能激励自己的天才；他在微软的成长过程中付出的心血和汗水，他非凡的事业心、自信心和进取心，他高瞻远瞩的眼光和异常敏锐的市场嗅觉以及他持之以恒的奋斗是常人无法超越的。

青少年朋友，请告诉你自己：你是最棒的！

你不是随意来到这个世上的，你的出生就是一个奇迹，你为什么不能再创造奇迹呢？你要竭尽全力成为群峰之巅，将你的潜能发挥到最大限度。同样是人，别人成功，你为什么不能？别人富有，你为什么不能？上帝从不偏心，我们都有健全的四肢和大脑，你为什么不可以过你想过的生活？你为什么不可以拥有积极的人生观，使生命更富有朝气？你为什么不可以帮助那些在苦难中挣扎的人们，使他们重新找到自己的人生坐标，走上成功、幸福的康庄大道？

生命只有一次，你焉能寄希望于来生？你要让生命中的每一分钟都有价值，你不要辜负上天赐给你的生命权利。你若不利用时间，就会被时间耗尽。你只有在春季里播下希望的种子，在夏季里辛勤地耕耘，才可以在秋季里收获生命的果实，而当雪花飘飞的冬季悄悄来临时，你可以自豪地向世界宣告：我是最棒的！

## 自信多一分，成功多十分

自信是我们战胜困难，取得成功的重要动力。自信是成功的助燃剂，自信多一分，我们的成功就可以多十分。

世界酒店大王希尔顿，用 200 美元创业起家，有人问他成功的秘诀，他说："信心。"

拿破仑·希尔说："有方向感的自信心，令我们每一个意念都充满力量。当你有强大的自信心去推动你的致富巨轮时，你就可以平步青云。"

美国前总统里根在接受《SUCCESS》杂志采访时说："创业者若抱有无比的信心，就可以缔造一个美好的未来。"

自信是成功不可少的条件。而当机会来临的时候，我们是否能把握住，往往取决于我们是否有足够的自信。

麦克是《纽约时报》的一位著名记者，当他第一次来《纽约时报》面试时，他紧张兮兮地等在办公室门外，申请材料已经送进去了。过了一会儿，门开了，一个小职员出来："主任要看您的名片。"而麦克从来就没有准备过什么名片，灵机一动，他拿出一副扑克抽出一张黑桃 A 说："给他这个。"

半个小时后，麦克被录取了。黑桃 A 真是一张好牌。麦克若是没有足够的自信，怎敢用它当名片？

鲍勃·卢斯曾被 40 位著名的运动员评为美国运动史上最伟

大的运动员。他们认为他善用他的天才,他给予运动界的冲击是无与伦比的。至于他为何会这么伟大,大家一致认为那是因为他自信十足。

有一次,在世界冠军赛争夺战中,大家就等着他击出一支全垒打而获得冠军。后来,他在对方投出两分球而未挥棒后,第三球终于击出了一支全垒打,全场观众为之疯狂。

事后,在休息室里,有位队友问他万一第三球失败的话怎么办?

"哦……我从未想到这点。"他回答道。

这就是自信,相信你能完成你的目标。有自信的人会说:"我能干,我可以跟环境配合。不只如此,我还能赢得这场生活游戏。"

人是自己命运的舵手,自信就是指引人生小舟航向的罗盘。

人生前途的成败得失和幸福与否,关键在于是否树立了坚强的自信心。一个人心中充满了自信,他的前程必然是一片坦途。这一点美国旅馆大王、世界级的巨富威尔逊的经历可给我们以启示。

威尔逊在创业之初,全部家当只有一台分期付款赊来的爆米花机,价值50美元。第二次世界大战结束后,威尔逊做生意赚了点钱,便决定从事地皮生意。如果说这是威尔逊的成功目标,那么,这一目标的确定,就是基于他对自己的市场需求预测充满信心。

当时,在美国从事地皮生意的人并不多,因为战后人们一般都比较穷，买地皮修房子、建商店、盖厂房的人很少，地皮的价格也很低。当亲朋好友听说威尔逊要做地皮生意时，异口同声地反对。

而威尔逊却坚持己见，他认为反对他的人目光短浅。他认为虽然连年的战争使美国的经济很不景气，但美国是战胜国，它的经济会很快进入大发展时期。到那时买地皮的人一定会增多，地皮的价格会暴涨。

于是，威尔逊用手头的全部资金再加一部分贷款在市郊买下很大的一片荒地。这片土地由于地势低洼，不适宜耕种，所以很少有人问津。可是威尔逊亲自观察了以后，还是决定买下这片土地。他的预测是：美国经济会很快繁荣，城市人口会日益增多，市区将会不断扩大，必然向郊区延伸。在不远的将来，这片土地一定会变成黄金地段。

后来的事实正如威尔逊所料。不出三年，城市人口剧增，市区迅速发展，大马路一直修到威尔逊买的土地的边上。这时，人们才发现，这片土地周围风景宜人，是夏日避暑的好地方。于是，这片土地价格倍增，许多商人竞相出高价购买，但威尔逊不为眼前的利益所惑，他还有更长远的打算。后来，威尔逊在自己这片土地上盖起了一座汽车旅馆，命名为"假日旅馆"。由于它的地理位置好，舒适方便，开业后，顾客盈门，生意非常兴隆。从此以后，威尔逊的生意越做越大，他的假日旅馆逐步遍及世界各地。

威尔逊的经历告诉我们，一个人的成败和他的自信心息息相关。如果一个人时刻对自己充满自信,能够坚定不移地去做自己心中认定的事情,那么即使他才能平平,也可以取得卓越的成就。

## 心是乐观的,世界就是美好的

终南山麓,水清草美。据说这一带出产一种快乐藤,凡是得到这种藤的人,一定喜形于色、笑逐颜开,不知烦恼为何物。

曾经有一个人,历尽千辛万苦,终于找到了这棵快乐藤。但他并没有得到预想中的快乐,反而感到一种空虚和失落。

他把自己的疑问告诉了借宿处的老人。老人一听就乐了,说:"其实,快乐藤并非终南山才有,人人心中都有。只要你有快乐的根,无论走到天涯海角,都能够得到快乐。"

"那么,什么是快乐的根呢?"

"心就是快乐的根。"

其实,快乐就在我们心里。当你跋山涉水寻找快乐时,为什么不往自己心里找一找呢?快乐就在身边,快乐就在我们心里。

一个人快乐与否,不在于他拥有什么,而在于他怎样看待自己所拥有的。在求学的日子里,我们不要总是拿着自己的缺点和别人的优点比,这样我们永远不会看到自己的长处,不懂得肯定自己的快乐。要知道快乐是一种积极的生活态度,谁都无法让我们无忧无虑地生活,谁都无法阻止我们在学习中寻找乐趣。只有战胜忧愁，认清自我的位置，才能享受快乐。

龙王与青蛙一天在海滨相遇，青蛙问龙王："大王，你的住处是什么样的？"龙王说："珍珠砌筑的宫殿，贝壳筑成的阙楼，屋檐华丽而又气派，厅柱坚实而又漂亮。"龙王说完，问青蛙："你呢？"青蛙说："我的住处绿藓似毡，娇草如茵，清泉潺潺。"

说完，青蛙又问龙王："大王，你高兴时如何？发怒时又怎样？"龙王说："我若高兴，就普降甘露，使五谷丰登；若发怒，则风起云涌、电闪雷鸣，叫千里以内寸草不留。那么，你呢，青蛙？"青蛙说："我高兴时，就面对清风朗月，呱呱叫上一通；发怒时，先瞪眼睛，再鼓肚皮，最后气消肚瘪，万事了结。"

每个人都要扮演一定的社会角色，或者是主角，或者是配角。主角有主角的活法，配角有配角的生活，不要一味地羡慕别人，小角色也有自己的生活乐趣，而这些乐趣是别人所不能体会的。如果你是班长，就要扮演好班长的角色，认真组织每一次活动。如果你是班里的一员，就要积极参加班集体的活动，为营造一个良好的班集体贡献自己的力量。

在我们身边每天都有快乐的事情发生，就看你有没有察觉到。正如有句话所说："你的生活中不是没有快乐，而是你缺少了一双发现快乐的眼睛。"

拉姆先生俯身去亲6岁的儿子杰克并道晚安。杰克皱了皱眉说："爸爸，您忘了问我今天最快乐的事情是什么。"

"你说吧。"拉姆先生在床沿坐下。杰克脸贴着枕头小声说：

"捉到一条鱼。这是第一次，爸爸。"

这个习惯怎样开始，为什么开始，拉姆先生已记不起来了，可是这种睡前的仪式给了拉姆先生不少安慰。

每天脑子静下来的时候，问问自己："今天最快乐的事情是什么？"一天也许很忙，甚至充满苦恼，但无论日子过得怎样，总有一件"最快乐"的事情。

平平淡淡的小事，往往能够给我们带来许许多多的快乐。睡前回忆一下一天最快乐的事情，能让人带着愉快的心情入睡，轻松地结束一天，并为第二天的好心情奠定基础。在睡觉之前，想一想今天克服了哪些难题，想一想你是怎样让同班同学感受到快乐的，回忆一下老师对我们无微不至的关怀，这些都能让我们的心感到温暖。当把感受快乐变成生活中的一部分，你会发现，原来生活无时无刻不充斥着快乐的分子。

一天清晨，在一列老式火车的卧铺车厢中，有五个男士正挤在洗手间里刮胡子。

经过了一夜的疲困，隔日清晨通常会有不少人在这个狭窄的地方漱洗一番。此时的人们多半神情漠然，彼此间也不交谈。

就在此刻，有一个面带微笑的男人走了进来，他愉快地向大家道早安，但没有人理会他的招呼。之后，当他准备开始刮胡子时，竟然自若地哼起歌来。他的这番举止令有些人感到极度不悦，于是有人冷冷地、带着讽刺的口吻问这个男人：

"喂！你好像很得意的样子，怎么回事啊？"

"是的,你说得没错。"男人回答,"我是很得意,我真的觉得很快乐。"然后,他又说道:"我是把使自己觉得快乐这件事,当成一种习惯罢了。"

青春年少的我们,要养成快乐的习惯,这样忧愁就不再有,烦恼就不再来;当快乐成为一种习惯,生命的每一个瞬间都会留下欢声笑语的足迹;当快乐成为一种习惯,无论多么平凡的事情都会在你的生活画卷中留下精彩的一笔。

## 保持乐观,人生会变得更顺利

大概是40年前,福建某贫穷的乡村里,住了兄弟两人。他们忍受不了穷困的环境,便决定离开家乡,到海外去谋发展。大哥好像幸运些,到了富庶的旧金山,弟弟到了比中国更穷困的菲律宾。

40年后,兄弟俩又幸运地聚在一起。今日的他们,已今非昔比了。做哥哥的,当了旧金山的侨领,拥有两间餐馆、两间洗衣店和一间杂货铺,而且子孙满堂,有些承继衣钵,有些成为杰出的工程师或电脑工程师等科技专业人才。

弟弟呢?居然成了一位银行家,拥有东南亚相当数量的山林、橡胶园和银行。经过几十年的努力,他们都成功了。但为什么兄弟两人在事业上的成就,却有如此大的差别呢?兄弟聚头,不免要谈谈分别以来的遭遇。哥哥说，我们中国人到了白人的社会，没有什么特别的才干，唯有用一双手煮饭给白人吃，为他们洗衣服。总之，白人不肯做的工作，我们华人统统顶上了，生活是没有问题的，但事业却不敢奢望了。例如我的子孙，书虽然读得不少，也不敢妄想，唯有安安分分地去担当一些中层的技术性工作来谋生。

看见弟弟这般成功，做哥哥的，有些羡慕弟弟的幸运。弟弟却说，幸运是没有的。初来菲律宾的时候，担任些低贱的工作，但发现当地的人有些是比较愚蠢和懒惰的，于是便顶下他们放弃的事业，慢慢地不断收购和扩张，生意便逐渐做大了。

一个人能否成功，并不是由环境决定的，关键在于他的态度。心态控制了一个人的行动和思想。同时，心态也决定了自己的视野、事业和成就。成功人士与失败者之间的差别是，成功人士始终用最积极的思考、最乐观的精神和最辉煌的经验支配和控制自己的人生。失败者则恰好相反，他们的人生是受过去的种种失败与疑虑所引导支配的。

古代，有一个举人进京赶考，住在一个店里。考试前两天他做了三个梦，第一个梦是自己在墙上种白菜；第二个梦是下雨天，他戴了斗笠还打伞；第三个梦是跟心仪已久的表妹躺在一起，但是背靠着背。

这三个梦似乎有些深意，举人第二天就赶紧去找算命的解梦。算命的一听，连拍大腿说："你还是回家吧！你想想，高墙上种菜不是白费劲吗？戴斗笠打雨伞不是多此一举吗？跟表妹躺在一张床上，却背靠背，不是没戏吗？"

举人一听，觉得如同掉进了万丈深渊。他回到店里，心灰意冷地收拾包袱准备回家。店老板非常奇怪，问："明天就要考试，你怎么今天就要回乡呢？"

举人如此这般说了一番，店老板乐了："哟，我也会解梦的。我倒觉得，你这次一定要留下来。你想想，墙上种菜不是高种（中）吗？戴斗笠打伞不是说明你这次有备无患吗？跟你表妹背靠背躺在床上，不是说明你翻身的时候就要到了吗？"

举人一听，觉得更有道理，于是振奋精神参加考试，果然考中了。

一件事情可以有截然不同的解读，我们为什么不把它往好的方面解读，而偏偏要解读成让我们丧气的东西呢？要记住，心境不同，结果自然不同，我们的潜意识对现实生活往往具有意想不到作用。

悲观主义者，轻易便被失败打倒，因为他们看不到生活的积极面，结果只能是自甘消沉；拥有良好心态的人，懂得思考，善于吸收优点，自然会走上成功的道路。培养良好心态，将使你紧随成功的步伐向前迈进。

## 正面管教，养出小小"乐天派"

积极的人在每一次忧患中都看到一个机会，而消极的人在每个机会中都看到某种忧患。

约翰·伍登是全美所公认的史上最称职的篮球教练之一，曾经有记者问他："伍登教练，请问你如何保持这种积极的心态？"

伍登很愉快地回答："每天我在睡觉以前，都会提起精神告诉自己：我今天的表现非常好，而且明天的表现会更好。"

"就只有这么简短的一句话吗？"记者有些不敢相信。

伍登惊讶地问道："简短的一句话？这句话我可是坚持了20年！重点和简短与否没关系，关键是在于你有没有持续去做，如果无法持之以恒，就算是长篇大论也没有帮助。"

的确，积极的心态能够催人上进，激发人潜在的力量。时刻鼓励自己，给自己积极的暗示，有助于我们走出困境，保持积极进取的精神。

有两个人到外地打工，一个去上海，一个去北京。可是在候车厅等车时都又改变了主意。因为邻座的人议论说，上海人精明，外地人问路都收费；北京人质朴，见吃不上饭的人，不仅给馒头，还送旧衣服。

去上海的人想，还是北京好，挣不到钱也饿不死，幸亏车还没到，不然真掉进了火坑。

去北京的人想，还是上海好，给人带路都能挣钱，还有什么不能挣钱的？我幸亏还没上车，不然真失去一次致富的机会。

于是，他们在退票处相遇了，互相换了票。原来要去北京的得到了去上海的票，原来要去上海的得到了去北京的票。

去北京的人发现，北京果然好。他初到北京一个月什么也没干，竟然没有饿着。不仅银行里的纯净水可以白喝，而且大商场里欢迎品尝的点心也可以白吃。

去上海的人发现，上海果然是个可以发财的城市，干什么都可以挣钱。带路可以赚钱，开厕所可以赚钱，弄盆凉水让人洗脸可以赚钱。只要想点办法，再花点力气都可以赚钱。凭着乡下人对泥土的感情和认识，第二天，他在建筑工地装了十包含有沙子和叶子的土，以"花盆土"的名义，向不见泥土而爱花的上海人兜售。当天就净赚了50元钱。一年后，凭着"花盆土"他竟然在大上海拥有了一间小小的门面。

一天，他又有了一个新的发现：一些商店楼面亮丽而招牌较黑，一打听才知道清洁公司只负责洗楼而不洗招牌。他立即抓住这一空当，买了梯子，水桶和抹布，办起一个小型清洁公司，专门负责擦洗招牌。如今他的公司越做越大，自己做起了老板。

不久前，他坐火车去北京考察清洁市场。在北京车站，当他要把喝空了的饮料罐丢进垃圾桶时，一个捡破烂的人把手伸了过来，向他要饮料罐。就在递罐时，两人都愣住了，因为5年前，他们曾经换过一次票。

积极心态导致成功的人生。消极心态只能给人带来失败和沮丧。心理学家认为，任何人都能拥有积极的心态，乐观的精神。天生悲观或者正深陷消极情绪的人，通过学习以及自我调控也能拥有乐观积极的心态。首先，你要学会控制情绪反应。留意并积累生活和工作中的各种经验，尽量使它们都能带给你正面情绪。你还可以有意识地结交心态积极乐观的人，像他们一样养成从任何事中寻找事物积极因素的习惯，直到它成为你的本能。

日本零售集团"八佰伴"的创造人和田一夫的乐观心态，也是他多年坚持"心灵训练"的成果。他曾说："如果想真正获得人生幸福的话，就需要有'没关系，一切都会好起来的'这种豁达的想法。"这种心灵的训练是很有必要的。从他涉足商场初期，他就一直坚持写"光明日记"，记录每天让他感到快乐的事。和田一夫说："如果想使自己的命运得以好转的话，就必须不断地用积极向上的语言来鼓励自己，并使自己保持开朗的心情。这是非常重要的。"

除了"光明日记"外，和田一夫还独创了"快乐例会"。即在每月的工作例会中，和田一夫规定：在开会前每个人要用3分钟的时间，从这个月发生的事情中找出3件快乐的事情告诉大家。"刚开始的时候，大家很难找出3件快乐的事。后来，养成习惯后，别说是3件，人人都想发表10件快乐的事。每月这样延续下来，人人都逐渐露出了笑脸。"和田一夫对自己的成绩很自豪，这种别开生面的方式，的确有效地调动了员工的乐观情绪。

思维方式也是有惯性的，也许开始时，你需要勉强自己才能做到乐观。但当这种思考方式养成习惯时，你就能自然而然地变成一个积极开朗的人，总能看到事情光明的一面，就像和田一夫以及他的员工一样，在有意识的"心灵训练"中，战胜悲观、失望等负面情绪，充满信心地面对种种困难，微笑着面对自己的生活。

## 第四章

善良和爱是好性格的根，成长道路上的灯

## 父母是孩子爱心的直接播种者

爱心是非常重要的素质，它是人性的基础。一个没有爱心的人，就是一个冷漠的人，一个与社会脱节的人。

爱心的产生，是基于个体的社会性情感需要，它不是人与生俱来的品质，而是在后天的环境和教育的熏陶下逐渐形成的习惯性心理倾向。

儿童心理学家研究表明，善良和同情是孩子的天性。婴儿一岁前就对别人的情感有反应，如果旁边有孩子哭，他会随之一起哭；一两岁时，孩子看到别人哭，就会拿自己喜欢的东西去安慰，这表明他已能清楚地分辨自己和他人的痛苦，并有了试图减轻别人痛苦的本能，只是不知道该怎样做才好；到了五六岁时，孩子开始进入认知反应阶段，他知道什么时候该去安慰正在哭泣的同伴，什么时候该让他独处。

这些都是孩子爱心的自然表现，但如果后天得不到很好的培养，那么他的爱心就会逐渐消失。因此，孩子有没有爱心，关键在于父母的引导和培养。

对于一个人的个性发展而言，没有什么能比爱和善良更重要了，这是孩子将来亲和社会的基础和前提。孩子的爱心是通过自然而然的模仿、潜移默化的渗透逐渐形成的，是一个从外在到内在、从量变到质变的发展过程。在这一发展过程中，家庭是最重要的爱心培育基地，父母是最直接的爱心播种者。

那么，父母应该怎样来培养孩子的爱心呢？

**1. 给孩子树立关心别人的榜样**

俗话说：言传身教。榜样的力量是无穷的，也是最有效的。要使孩子富有爱心，父母必须从自己做起，从孩子一生下来就开始做。

有一对知识分子父母，他们深深地懂得父母的言行在孩子成长中所起的重要作用。他们总是以身作则，并以此来引导孩子。

他们孝顺长辈，在家里，总是给长辈倒茶、盛饭、搬凳子；逢年过节给长辈买东西、送礼物，父母总是让孩子知道，还常常请孩子发表意见该送长辈什么礼物。逢到单位组织旅游或搞活动，如果能带家属的，他们总是带上孩子和长辈，这样既能让孩子与长辈都能开阔眼界，更重要的是，又能让孩子从中体会到父母对长辈的关心。

他们关心孩子，对孩子说话总是温和、体贴，还常常与孩子进行情感的交流，给孩子适当的鼓励和表扬，让孩子直接感受到父母对自己的爱。

他们夫妻之间互相关心，在餐桌上，总是不忘给爱人夹对方爱吃的菜；每逢出差，在给孩子买礼物的同时，总不忘给爱人也买一份；吃东西的时候，他们总会提醒孩子给爸爸或妈妈留一份。

他们还注意使用爱的语言，比如"你辛苦了，先歇一会儿""别着急，我来帮你""谢谢你为我所做的一切"等。这样，孩子在父母的引导下，也学会了去爱他人。

### 2. 教孩子站在别人的立场上考虑问题

爱心培养还需要教孩子站在别人的立场上考虑问题。父母可以经常让孩子把自己痛苦状态时的感受与别人在同样情境下的体验加以对比，体会别人的心情，这样可以让孩子学会理解别人。

### 3. 在生活中培养孩子的同情心

父母要学会利用生活中的事例从侧面来教育孩子关心他人、关心动物。比如，在看电视的时候，如果出现动物弱肉强食的画面，父母可趁机对孩子说："多可怜呀，人可不能这样子！"

人们发现，幼年时期饲养过小动物的孩子，感情比较细腻，心地比较善良。相反，从小没有接触过小动物的孩子感情比较冷漠，与同学发生矛盾冲突时表现为冲动易怒，出口伤人，行为粗鲁，并且会欺负弱小的同学。因此，只要孩子愿意养小动物，父母应尽可能允许他去养。在家中养一些小狗、小猫、金鱼等小动物，或者养一些花花草草，让孩子去照顾，这样也有助于培养孩子的爱心。

### 4. 让孩子了解一些生活的真实情况

有位职业妈妈，每天要叫儿子起床，然后赶着去上班。有一天，刚上小学的儿子又赖床了。妈妈生气地对儿子说："我也想像你一样睡懒觉,不用去上班。可是,我却没办法,我得去上班挣钱,你们学校马上要付学费了。你知道吗?"没想到,这次儿子乖乖地起床了。从此,儿子总是会自己主动起床。

由此可见,父母不要刻意向孩子隐藏生活的艰难,而是应该让孩子了解一些生活的真实情况,让孩子从小就学着与父母一起分担,做一些力所能及的事情。只有勤快的孩子才会懂事,知道关心体贴别人。

### 5. 父母要在重要事情上引导孩子

许多孩子在父母的教育下也能做到关爱周围的人和事物。但是,当孩子遇到不被别人关爱的情况时,孩子的内心往往就会感到失落。更重要的是,他对父母教育自己要关爱周围的人和事物会产生一个不良的判断,认为关爱别人得不到回报。这时候,父母要及时察觉孩子的心理,抓住机会对孩子进行引导。

### 6. 学会接受孩子的爱

许多父母往往只要求孩子好好读书,根本不要求孩子去做别的事情。

"三八"节到了,幼儿园的阿姨让孩子们想办法给母亲过节。孩子们决定给母亲送上一杯浓浓的、甜甜的糖水,让妈妈感到生活是非常甜美的。事后,阿姨找到孩子们了解情况。

一个孩子说:"那天,我早早就等着妈妈下班,一听到她下班的脚步声,我就跑上前去,给她递上浓浓的、甜甜的糖水。妈妈一饮而尽,脸上露出幸福的笑容,还亲了我一口!"

另一个孩子说："我可没有你那么幸运。我跟你一样，早早做好了准备，妈妈见到我，却说：'这是干吗？你少来这一套，得几个 100 分比什么不好？'"

第三个孩子说："我妈妈的脸，是在喝了一口糖水后耷拉下来的。她说：'傻丫头！你到底搁了多少糖啊？'"

这三位妈妈中只有第一位妈妈懂得要让孩子做一些事情，父母应该接受孩子的爱。其他两位妈妈都忘记了应该向孩子索取一些爱，培养孩子的爱心。这可能让孩子们误认为，原来父母是不需要爱的，他们只需要成绩。一旦孩子产生了这样的想法，以后他什么都不过问了，他们会变成不懂爱、不会爱的冷漠的人。

所以，父母应该让孩子参与到家庭生活当中，让孩子去爱他人，同时也要安心接受孩子的爱，这样，孩子才会更有爱心。

## 善良的心，就是黄金

善良是世界上最可爱的东西，也是世界无时无刻不在呼唤的。

善良就如天使的翅膀，可以带来绚烂和美丽。只因你善良的回眸，可能就会使一颗在寒冬中挣扎的心享受到春的明媚。善良又如沙滩上的粒粒细沙，看似平凡琐碎，但又无处不在，于细微处见精神。

一天凌晨，一辆超载的卡车撞进了一栋民房里。顷刻间，房屋倒塌，卡车内的几个人当场死亡，房屋里也埋了5个人。

由于是凌晨时分，附近居民面对惨祸束手无策。在等待救助人员时，废墟里的一个人将头露在了外面。由于失血过多，他的呼吸越来越微弱。

这时候，一个青年男子俯身对那个探出头的人喊道："不要闭上眼睛！要坚强，你可以和我说说话，但千万不要闭上眼睛。"那个被埋者的眼睛睁开了，眼神中隐藏着一丝恐惧和一丝谢意。

年轻男子和那个被埋着的人说着话，问他：你今年多大年龄了？在哪里工作啊？做什么工作啊……

救援人员终于赶到了，被埋的男子被送往医院抢救。有人问喊话的年轻男子和被埋者是什么关系，喊话的年轻男子说道："我不认识他，我开出租车路过这里。"

原来，灵魂最美的乐章是善良。相逢不必曾相识，是内心的善良让这位年轻的男子帮助受伤的男子。

善行是人类一切行为中最感天动地的，也是最有感染力的行为。人们几乎可以不用任何语言，就可让他人感受到行善者心中强烈的爱，以及阳光般的温暖。相信善的存在，做善良的人，有一天这温情也能感染到你。

善良不仅是物质上的给予，也是对人心灵与精神的关怀。当别人尴尬的时候，报以一个宽容的微笑；当别人紧张的时候，给他一点鼓励的掌声。这样平凡的举动，对别人来说就是善良的理解。

他对这个冷漠的世界已经彻底失去了希望，除了死他找不到其他解脱的方法。一天，他来到一家商店，想买一把水果刀，准备杀掉仇人之后自绝于世。

他反复试着刀锋，终于选定了一把。正待离开，售货员忽然叫住了他，把刀要了回来。他冷冷地站在那里，困惑地看着她往刀锋上一层一层地缠着纸巾，缠好之后，她手握刀锋，将刀柄一方朝着他，把刀递到他的手里。

"你这是干什么？"他问。

"这样就不容易碰伤人了。"女孩笑道。

"其实你不用管那么多，只需要卖刀就行了。"

"这里卖出的刀是用来削水果还是做别的，确实和我没关系，但我希望大家都能生活得好一些。"女孩说。

他拿起刀走出了商店，心里忽然十分温暖。原来这世界上还有人不为任何利益的关心着他。虽然不多，但一点点也就足够珍贵了。

那天下午，他买了许多水果，仔细地用那把刀削着。他边吃边流泪，回想着那个陌生女孩的善意规劝，如果不是她，他的命运恐怕就要改写。自此，这把刀成了他警诫自己的法宝。

当内心绝望的时候，陌生人一句温暖的话，一个善意的举动，又能点燃内心对美好的信任和追求。这就是善良的力量，它能将人从痛苦的深渊中拯救出来，让人看到生活中光明的一面。也许，平时我们所说的每一句话，每一个动作都能影响到他人，我们每一个人都有责任去传递友善，有一天这友善会回到我们的身上。

杰瑞特别喜欢帮助别人，甚至对陌生人也是如此。有一次，他的朋友追问其缘由，他说这缘于自己一生中最重要的一个决定。

那是一个晚上，他忙完工作独自驾车回乡下看望母亲，路上看到了一辆出了车祸的摩托车。他在犹豫要不要帮助那个人，最后他想还是算了吧，多一事不如少一事。

这时，母亲给她打来了电话，叮嘱他开车时一定要慢点，注意安全。他的父亲死得早，是母亲含辛茹苦把他和哥哥抚养大的，所以兄弟俩很孝顺。

挂了母亲的电话，他的头脑中总萦绕着刚才路边的那个人，心想：那人是否也有老母亲正在担心，正在盼儿子回家呢？

这个念头一出现，顿时像一片阴云紧紧地罩住了杰瑞的心。他立刻掉转车头向回驶去。"帮那个人一下吧，就算是为了自己更坦然地面对母亲！"他想。他真的做了一个正确的决定：那个出车祸的男子是他的哥哥。

我们每个人在遇到困难时都希望遇到善良的人伸出援助的双手，那么，当别人遇到困难的时候，我们也应该主动伸出那双援助的手。也许只是共撑一把雨伞，共听一首音乐，或者是找一个话题和他聊聊，都能让人感受到温暖和美好。播撒一颗善心的种子，收获的将是爱的森林。

## 善良是源于内心的一股山泉

善良是一种难得的品质，我们所能感受到的善良，有时像天使背部一片洁白轻柔的羽毛，让人感受到温暖，让人感觉到希望；有时又像大力神赫拉克勒斯宽阔而结实的胸膛，让人感到无比的振奋，让人感到无比的力量。善与正直、爱心、悲悯为伍，与邪恶、阴毒、冷漠为敌，柔软时的善良，可以融化冷傲的冰川；坚硬时的善良，可以穿透任何顽固的岩石。

善良是人性中的至纯至美，一切伪善、奸笑、冷酷、麻木在它面前都会退避三舍，任何顽固的丑恶都只能在阴暗角落里对善良咬牙切齿。善良啊，它是酷热中一股清凉的风，它是严寒里一团温暖的火，它是青黄不接别人悄然送来的一担粮食，它是久旱不雨从天而降的甘霖，它是你负重上坡时后背的推手，它是你快坠落悬崖时伸过来的一条缆绳，它是你穷困潦倒时没有署名的一张汇款，它是你富甲一方时的一句忠告，它是你失意时几句真诚的安慰，它是你得意时一串逆耳的话语……甚至，它只是一个真诚的、淡淡的微笑。

善的价值无可估量，像一粒种子生发出百倍千倍甚至上万倍的善良的果实。

一个男孩与他的妹妹相依为命。父母早逝，她是他唯一的亲人，所以男孩爱妹妹胜过爱自己。然而灾难再一次降临在这两个不幸的孩子身上。妹妹染上重病,需要输血,但医院的血液太昂贵,男孩没有钱支付任何费用,尽管医院已免去了手术费,但不输血妹妹仍会死去。

作为妹妹唯一的亲人,男孩的血型和妹妹相符。医生问男孩是否勇敢,是否有勇气承受抽血时的疼痛。男孩开始犹豫,10岁的大脑经过一番思考,终于点了点头。抽血时,男孩安静地不发出一丝声响,只是向着邻床上的妹妹微笑。抽血完毕后,男孩声音颤抖地问:"医生,我还能活多长时间?"医生正想笑男孩的无知,但转念间又被男孩的勇敢震撼了:在男孩10岁的大脑中,他认为输血会失去生命,但他仍然肯输血给妹妹。在那一瞬间,男孩所做出的决定是付出了一生的勇敢,并下定了死亡的决心。

医生的手心渗出汗,他紧握着男孩的手说:"放心吧,你不会死的,输血不会丢掉生命。"男孩眼中放出了光彩:"真的?那我还能活多少年?"

医生微笑着,充满爱心地说:"你能活到100岁,小伙子,你很健康!"男孩高兴得又蹦又跳。他确认自己真的没事时,就又挽起胳膊——刚才被抽血的胳膊,昂起头,郑重其事地对医生说:"那就把我的血抽一半给妹妹吧,我们两个每人活50年!"

所有的人都震惊了,这不是孩子无心的话语,这是人类最无私、最纯真的诺言。

我们心中的善良,就像雪山脚下的淙淙细流,每一滴都是圣洁纯净的雪水的聚合体。汇集成溪的善良之水,一路欢歌,荡涤着沿途的污浊、腐朽、风尘，理直气壮地汇入人生的江河大海。清澈的水来自雪山之巅，人的善良来自干净的心底。因为没有人能阻止你成为善良朴实的人，除非你自己不愿意成为这种人。

在生活中，你心中有善，你就能成为好人；你心中有恶，你就会成为恶人。从本质上讲，我们每个人的一生，都是由自己的心灵造就的。内心正直、胸怀雅量，才能包容万物，才能以美好善良之心看待万物。

那么，如何培养善心呢？简单来说，凡是小事，不要太过计较，要原谅别人的过失；不如意的事来临时，泰然处之，不为所累；受人讥讽，不要睚眦必报；学习吃亏，便宜让给别人；多看别人的优点，少盯着别人的缺点。

## 帮助别人，等于帮助自己

助人即是助己，真正爱心的付出是不应当追求回报的。一个充满爱心，经常帮助别人的人也会经常得到他人的帮助，虽然他最初并不指望会有所回报。

佛莱明是一个穷苦的农夫。有一天，当他在田里工作时，听到附近泥沼里有人发出求救的哭喊声，他放下农具，跑到泥沼边，发现一个小孩掉到粪池里，于是他跑过去把这个小孩从粪池中救了出来。

隔天，有一辆崭新的马车停在农夫家，车里走出一位优雅的绅士。他自我介绍是那被救小孩的父亲。绅士说："我要报答你，你救了我小孩的生命。"佛莱明说："我不能因救你的小孩而接受报酬。"

就在那时，佛莱明的儿子走进茅屋，绅士问："那是你的儿子吗？"农夫很骄傲地回答说："是。"绅士说："我们订个协议，让我带走他，并让他接受良好的教育。假如这小孩像他父亲一样，他将来一定会成为一位令你骄傲的人。"

农夫答应了。后来农夫的小孩从圣玛利亚医学院毕业，并成为举世闻名的佛莱明·亚历山大爵士，也就是盘尼西林的发明者。他在1944年受封骑士爵位，并且获得诺贝尔奖。

数年后，绅士的儿子染上肺炎，什么能救活他呢？盘尼西林。那绅士是谁呢？是上议院议员丘吉尔。他的儿子是谁？是英国政治家丘吉尔爵士。

施爱予人，我们也能够因此而获得别人的帮助，如果你以一颗爱心去对待自己周围的人，那么，别人也会以同样的爱来回报你。

很多年前，在一个旅馆的大厅里，走进了一对老夫妇，外面雷雨交加，天色也不早了，两个人便走到旅馆大厅的前台，想订一间客房。

前台有一个年轻人在值班。"很抱歉，"他回答道，"我们饭店已经被参加会议的团体包下了。往常碰到这种情况，我们都会把客人介绍到另一家饭店,可是这次很不凑巧,据我所知,另一家饭店也客满了。"

他停了一会儿,接着说:"在这样的晚上,我实在不敢想象你们离开这里,却又投宿无门的处境。如果你们不嫌弃,可以在我的房里住一晚,虽然不是什么豪华套房,却十分干净。我今晚就待在这里完成手上的工作,反正晚班督察员今晚是不会来了。"

这对老夫妇因为造成柜台服务员的不便,显得十分不好意思,但是他们谦和有礼地接受了服务员的好意。第二天早上,当老先生下楼来付住宿费时,这位服务员依然在当班,但他婉言拒绝道:"我的房间是免费借给你们住的,我全天待在这里,已经赚取了很多额外的钟点费,那个房间的费用本来就包含在内了。"

老先生说:"你这样的员工,是每个旅馆老板梦寐以求的,也许有一天我会为你盖一座旅馆。"

年轻的柜台服务员听了笑了笑,并没在意,他明白老夫妇的好心,但他只当它是个笑话。

又过了好几年,那个柜台服务员依然在同样的地方上班。有一天他收到老先生的来信,信中清晰地叙述了他对那个暴风雨夜的记忆。老先生邀请柜台服务员到纽约去拜访他,并附上了一张来回机票。

几天之后,他来到了曼哈顿。站在坐落于第五大道和三十四街间的豪华建筑前,他见到了老先生。老先生指着眼前的大楼解释道:"这就是我专门为你盖的饭店,我以前曾经提过,记得吗?"

"您在开玩笑吧！"年轻人不敢相信地说，"都把我搞糊涂了！为什么是我？您到底是谁？"年轻的服务员显得很慌乱，讷讷地问。

老先生很温和地微笑着说："我的名字叫威廉·渥道夫·爱斯特。这其中并没有什么别的意思，只因为我认为你是经营这家饭店的最佳人选。"

这家饭店就是著名的渥道夫·爱斯特莉亚饭店的前身，而这个年轻人就是乔治·伯特，他成为这家饭店的第一任经理。

帮助别人等于帮助自己。你的每一次善举、每一个爱心最终都会成为你幸福的回忆，带给你生活的希望与动力。正如一句谚语所说的："送人玫瑰，手有余香。"付出的爱心不仅温暖了别人，也会温暖自己。要记住，帮助别人就是帮助自己，真正的爱心并不追求得到什么，但最终仍会得到回报。

## 让自己有一颗仁爱心

生命的最大价值是向他人施予爱心。这个道理一般要经过一定生命过程的提示，许多人才能认识到。

要养成一种可爱的性格，就要与人交往。你不能一个人过着孤独的生活而还要让别人来喜欢你。你要喜欢别人，你要仔细研究他们、观察他们，对于他们的兴趣、嗜好、希望、惧怕等，都要了如指掌，而且你对于这些东西都应当表现出很重视的样子。

不要吝啬你的爱心。或许会有极少数的人不喜欢看你几眼，但是绝大多数人对你而言，永远是最重要的，绝大多数的人是不喜欢那些冰冷、自私的人的。

爱自己，也爱别人，才能体现出生命的最大价值。这是追求成功者需要的心态之一。这些良好心态可以巩固和完善我们的优良品格。懂得这一人生秘密的人往往抓住了通行于世界的根本原则，能够认识到世间事物的美好与真实性，并过上一种真实的生活。

我们很难估量施予的心态对我们生命的价值大小。无论发生什么，都应该去直面生命，用健康的、快乐的、乐观的思想去直面生命，都应该满怀希望，坚信生命中充满了阳光雨露。传播成功思想、快乐思想和鼓舞人心的人，无论到哪里都敞开心扉，真诚地爱他人，去宽慰失意的人，安抚受伤的人，激励沮丧泄气的人。他们是世界的救助者，是负担的减轻者。

要学会敞开心扉爱他人，让仁爱心就像玫瑰花儿一样散发芬芳。当关爱的思想治愈疾病、为创伤止痛的时候，当那些与此相反的心态带来痛苦、郁闷和孤独的时候，我们就真正领悟到了博爱的真谛。

一些人多年以来对其他人怀有深深的嫉妒甚至仇恨，尽管他们也许没有意识到这一点，但这种心态使他们无法最充分地展现自己的才能，并因而破坏了他们的幸福。不仅如此，他们还营造了一种充满敌意的氛围，容易使得对他们有成见的人群起而攻之，容易引发冲突，这样，他们的整个一生都因此而受到束缚。

当一个人对他人怀有不友善甚或仇恨的思想时，他就无法做好他的工作。我们的各种能力唯有在身心和谐的情况下才能发挥到最佳的水平。怨愤、嫉妒和仇恨可称得上是毒药，而这些毒药对我们身上那些崇高的东西又是毁灭性的。要记住，我们一定要用博爱的心态去化解敌意，否则，我们便无法做好我们的事业。

对他人怀有仁爱之心，是一种善意的情感。有些人一辈子都少有恼怒，有些人一辈子都保持着心境平和的状态，他们的生活很轻松、快乐、美好和幸福甜蜜。这是因为他们爱天下的人，所以天下的人也爱他们。

有的人，非常无私，慷慨仁慈，交际很广，并且亲切善良，有着高尚的灵魂，总是为他人着想，并且为周围的人所爱戴，他们就像光明使者。这类人生来就是快乐的，无论身处的环境怎样，他们总是高高兴兴的，对任何事情都很满意。在他们的视力所及之处都是愉悦和美丽的。如同蜜蜂从每朵盛开的花朵中采集花粉那样，他们也拥有一种提炼快乐的法术，甚至可以让阴霾的天空充满灿烂的阳光。在病房里，对病人来说，他们常常比医生更有用，比药物更有效。所有的大门都向这些人敞开，他们处处受到人们的欢迎。

常为他人着想的人是迷人的人。我们没必要对如何去感受他的伟大来做一番介绍，如果在一个失意的日子，你在大街上遇见这样的人，你就会觉得心情似乎好多了。

在英国的一所古老的庄园，人们信奉着这样一段话："真正的绅士是上帝的仆人，是世界的主人，是他自己命运的主宰者。美德是他的事业，学习是他的娱乐，知足是他的休息，快乐则是他的回报；上帝是他的父亲，耶稣基督是他的拯救者，圣人是他的教友，而所有需要他的人都是他的朋友；热忱是他的牧师，纯洁是他的侍从，节欲是他的厨师，温和是他的管家，好客是他的仆人，节约是他的出纳，仁慈是他的看门人，谨慎是他的搬运工，虔诚则是他家里的女主人，这些人在最恰当的时候为他服务。这样，他的整个家都是由美德构筑起来的，而他就是这个房子的主人。这样的人必然会将整个世界带上通往天堂的道路。一路之上，他努力着，尽其所能，他给自己带来了灵魂的满足，给他人带来了心灵的快乐。"

仁爱的心使你的人生永不匮乏，帮助你激发力量，战胜困难，超越竞争者，把不可能变成现实。

## 感恩使人间充满真情

"富可敌国"用来形容比尔·盖茨并不为过，他的财产超过400亿美元，但盖茨夫妇生活很俭朴，他们在西雅图郊区有一座高科技的豪宅。不过去过盖茨家的人介绍，豪宅并不是常人想象的富丽堂皇的样子。"我要把我所赚到的每一笔钱都花得很有价值,不会浪费一分钱。"的确,他将自己挣来的钱用在了最有价值的事业——慈善上。

盖茨在慈善上的作为,用数字就可以说明:迄今为止,他已经向慈善事业捐出了超过290亿美元。"巨额财富对我个人而言,不仅是巨大的权利,也是巨大的义务",在庆祝自己50岁生日的时候,盖茨当场宣布,他准备把自己的私人基金会财富全部捐献给社会,而不会作为遗产留给自己的儿女。

盖茨的"比尔与梅林达基金会",目前已成为世界上最大的慈善基金会,它资助医学家着手研究艾滋病、疟疾、肺结核、癌症等疾病的治疗途径,向非洲、亚洲等发展中国家大力捐资;创建更多的面向家庭条件不好的孩子的中学,并且资助贫困的大学生;同时努力让所有的人,不分种族、性别、年龄或贫富,都能从网络上获取信息,扩大互联网的普及;对于盖茨的老家,基金会特别关照当地生活困难的人。

可以想见,分享这位世界首富的财产的,是那些生活在贫困之中的病人、孩子、老人和还用不上互联网的人。他用一个人的力量,改变了地球上绝大多数贫困人的命运,这才是他最了不起的一面。

其实感恩是一种处世哲学,是生活中的大智慧。人生在世,不可能一帆风顺,种种失败、无奈都需要我们勇敢地面对、豁达地处理。感恩不纯粹是一种心理安慰,也不是对现实的逃避,更不是阿Q的精神胜利法。感恩，是一种歌唱生活的方式，它来自对生活的爱与希望。其实，生活中处处都有感恩之心存在，只要我们善于发现，让我们重温一下2005年1月16日晚的情景吧：

徐本禹来到中央电视台2004"感动中国"年度人物颁奖典礼现场。全场掌声雷动，泪光闪闪。他的颁奖词这样写道："在熙熙攘攘的城市里，他离开了；在贫穷的小山村，他到来了。他放弃了读研的机会，只为兑现一个对山区孩子的承诺，只为大山里那份深切的渴望。在大山深处，他用一个刚刚毕业的大学生稚嫩的肩膀，扛住了倾颓的教室。也许一个人的力量还不能让孩子的眼睛充满阳光，爱被期待着。如果说眼泪是一种财富，他是一个富有的人。在过去的一年里，他让我们泪流满面。他点燃的火把，刺痛着我们的眼睛。我们为他的平凡而感动，为他的质朴而震撼。徐本禹的出现让人们看到了青年人的希望，中国的希望。"

徐本禹出生在山东聊城郑家镇前景屯村一个贫寒农家。1999年初秋，当他揣着大学录取通知书，走进梦寐以求的华中农业大学校园时，心里是忐忑的、茫然的。他知道知识可以改变贫穷，却不知道自己能否顺利念完大学。在大学里，徐本禹在课余时间勤工俭学，从得到第一笔勤工助学报酬开始，徐本禹就不断得到党团组织和老师同学在经济上、生活上、思想上、学习上的帮助。这些爱的甘露滋养了徐本禹的心灵，他一遍又一遍地对自己说："别人帮助了我，我一定要帮助别人。""别人给了我一碗饭，我要还别人一碗肉！"

滴水之恩当涌泉相报。2000年的春天,学校发给他400元特困补助,他拿出200元钱捐给了"保护母亲河绿色希望工程",还把100元钱捐给了山东聊城师范学院一名特困生。2001年3月,徐本禹因向"保护母亲河绿色希望工程"捐款,成为湖北电视台《幸运地球村》节目的嘉宾。香港凤凰卫视的主持人许戈辉了解到他是特困生,就在节目录完后给了他一个信封。坐在回校的公交车上,他打开一看,里面有500元钱。他后来说:"我无法说出我当时的心情,自己给予社会的是那么少,社会给予我的却是那么多!"回到学校后,他把其中的200元钱给了班上一名家庭条件很差的同学,100元寄给了山东聊城师范学院那个他曾资助过的特困生,100元钱寄给了湖北沙市孤儿许星星。

徐本禹在大学期间究竟帮助过多少人,连最了解他的老师和同学都说不清。辅导员陈曙说:"他还为别人献过血,捐过骨髓,他做的好事,我们知道的只是冰山一角。"

徐本禹正是怀着一颗感恩的心,对待帮助过他的人,对待让他体味到人间真情的这个社会。因此,我们要用感恩的心去看待生活,去帮助每一位需要帮助的人,帮助他们走出不公平的生活困境。像比尔盖茨和徐本禹那样,常怀感恩之心,对别人、对生活就会少一分挑剔,多一分欣赏。

感恩节的意思是感谢给予的日子。在这个世界上,你所感恩的事情越多,你得到的也就越多。

## 给孩子一颗包容的心

法国人有句话:"能够了解一切事物,便能宽恕一切事物。"在这个世界上,有许多不幸的事都是由于人们之间缺乏包容心而引发的。

做人、活着,大家都不容易。能不苛责的时候就不要苛责,多给人台阶下,多放人过关。这应该成为我们待人处世的原则。不要抓住他人的错误或缺点不放,得饶人处且饶人,这样不仅会减少矛盾,也会提升自己的善良品质,进而会形成一种良好的社会风气。做人要给他人善缘,要给人宽容。

这个世界需要包容,当然有时需要包容的对象是仇深似海的仇家,这当然有很大的难度,但是只要你勇敢地战胜自我,还是可以实现的。包容他人,也是善待自己的一种方式。

我们要包容一个侵犯我们尊严、利益的人,这包容中本来就包含着自制的内容。一个不能很好控制自己的人,往往会把本来可以办成的事办砸了。

为人处世要以身作则。只有自己做好了,才能让别人信服,同样,只有有自制力的人,才能很好地包容他人。有这样一个例子:

瑞典乌普萨拉的乔治·罗纳在维也纳从事律师工作,直到第二次世界大战才回到瑞典。当时他身无分文,急需找到一份工作。他能说写好几种语言,所以他想到进出口公司担任文书工作。大多数公司都回信说因为战争的缘故,他们目前不需要这种服务,但他们会保留他的资料等。其中有一个人却回信给罗纳说:"你对我公司的想象完全是错误的。你实在很愚蠢,我不需要文书。即使我真的需要,我也不会雇用你,你连瑞典文字也写不好,你的信中错误百出。"

罗纳收到这封信后,顿时勃然大怒。于是他写了一封足够气死对方的信。这个瑞典人居然敢说他不懂瑞典话!他自己呢?他的回信才是错误百出呢。但是他停下来想了一下,对自己说:"等等,我怎么知道他不对呢?我学过瑞典文,但它并非我的母语。也许我犯了错,可我自己并不知道。真是这样的话,我应该再加强学习才能找到工作。这个人可能还帮了我一个忙,虽然他本意并非如此。他表达得虽然糟糕,倒不能抵消我欠他的人情。我应该写一封信感谢他。"

罗纳的自制力使他驾驭了自己,他把写好的信撕掉,另外写了一封:"你根本不需要文书员,还不厌其烦地回信给我,真是太感谢了。我写那封信是因为我查询时,别人告诉我你是这一行的领袖。我对贵公司判断错误,实在很抱歉。我不知道我的信犯了文法上的错误,我很抱歉,并觉得很惭愧。我会再努力学好瑞典文,减少错误的。我要谢谢你帮助了我的自我成长。"

几天后,罗纳又收到回信,对方请他去办公室见面。罗纳如约前往,并得到了一份工作。

人与人之间的冲突,很多是因为个性上的差异。其实,只要我们用包容的心态求同存异，人际关系肯定会有很大改观的。

要减少差异，不妨把注意力放在别人和自己的共同点上，与人相处就会容易一些。当发现了一些共同点，我们就会不知不觉地去掉戒备与陌生，谈话变得非常投入、专注与忘我。

用包容心把自己融进对方的世界，这个时候，无须恳求、命令，两人自然就会合作做某件事情。没有人愿意和那些跟自己作对的人合作。在人与人交往的过程中，每一个人都会有意无意地在想："这人是不是和我站在同一立场上？"人与人之间的关系，要么非常熟悉，要么非常冷漠，要么立场相同，要么南辕北辙，不管人和人多么不同，在这一点上，你和你眼中的对手倒是一致的。唯有先站在同一立场上，两人才有合作的可能。就算是对手，只要你找出和他的共同利益关系，你们就可以走到一起来。

# 第五章

## 藏起一半爱,独立自主的孩子路更长

## "甩手"父母教会孩子独立自强

21世纪,科技发展更加迅猛,一个缺乏独立性的孩子是无法适应现代社会需要的。因此,家长要想树立适应社会发展的教育观,应该尊重孩子及培养孩子的独立个性,这样孩子才可能会获得自己想要的独立意愿。

孩子从出生那天开始,就是一个独立的个体了,就已经有了自己独立的思想和意识。无论是父母还是老师,都没有特权去支配和限制孩子的行为,尤其是妈妈,她们总是想要为孩子创造好的生活环境,不舍得孩子去做任何事情,希望用自己的双手来包办孩子所有的事情,觉得这样才是对孩子好。其实不然,这样往往不能让孩子感受到快乐,也不会给孩子带来任何的成就感。

在教育孩子的过程中,妈妈们要学会换位思考。孩子希望自己能够在思想上获得独立,妈妈们没有必要总是对孩子的事情指手画脚,要懂得放手,让孩子做他们想要做的事情。对于孩子日常的生活,妈妈们不要多加干涉,只要是孩子能够做的事情就让孩子自己去完成,千万不要让孩子感觉自己没事可做,这样在孩子长大之后会严重缺乏独立性,遇到事情第一时间想到的也是父母。所以，培养孩子的独立性，关键就是要鼓励孩子去做他们力所能及的事情。

可是，很多妈妈却把孩子当成是自己的珍贵的私有财产，百般宠爱自己的孩子，但从来不去尊重孩子，这样的例子太多了。在生活上，家长总是想包办代替所有的事情，总是想为孩子安排好一切；甚至在孩子的学习上，也替他们做好安排，比如说安排孩子怎样去学习、学什么。无疑，妈妈们在不知不觉中剥夺了孩子独立成长的机会。

刘美玲已经十岁了，她一直在爸爸妈妈的细心呵护下长大。平日里不管做什么事情，爸爸和妈妈都会把一切事情都给刘美玲准备得妥妥当当的。刘美玲对这一点是非常反感的，随着年龄的增大，刘美玲觉得妈妈还将自己当小孩儿看待，她想要独立。

刘美玲决定先从上学这件事情上做起，她觉得自己从小事上做起，总能够独立起来的。以前刘美玲上放学都是爸爸来接送的，但是现在她想自己马上就要升小学五年级了，她想要自己独立，不再让爸爸接送。再说从家到学校的路她已经很熟悉了，她想要自己一个人去上学，而不想再让爸爸接送。

在新学期开始的第一天，刘美玲将自己的想法告诉了爸爸："爸爸，我不想让你送我上学了。我已经长大了，自己能够上放学了，你在家休息吧，我自己上学去了，别的小朋友也都是自己上放学的，你再接送我，万一被同学们看到了，肯定会笑话我的。"

但是刘美玲的想法却没有得到家人的支持，爸爸说："学校这么远,你一个女孩子,还这么瘦小,怎么能够一个人去上学呢?万一路上遇到坏人怎么办。"妈妈也在一旁帮腔,说:"车那么多,如果出点意外那可怎么办?没有大人跟着怎么能行呢?还是让你爸爸去送你上学吧!"

最终没办法,胳膊拧不过大腿。刘美玲还是在爸爸的"保护"下上学。

渴望独立是孩子的天性,不要以为孩子希望妈妈们包办他们所有的事情。如果限制孩子和束缚孩子必须去做某件事情,其实就是画地为牢。而让孩子自己探索着去打理自己的生活,他会不断地发现生活中的乐趣,也会有很多机会锻炼自己。但是现在很多家庭都是独生子女,妈妈们都舍不得孩子做事情,可以说孩子是家里的小太阳,全家人都围着他一个转。对孩子过分宠爱或者过度保护,甚至是过多照顾,都会让孩子觉得自己的存在没有价值,根本满足不了孩子成长中所有的欲望。孩子成长过程中,他们是需要成就感的,所有,妈妈们要想满足孩子的成就感,不妨让孩子在生活上自己照顾自己,妈妈们大胆地放开手,让孩子做一个小管家,管理自己的事情,尊重孩子的独立性。

有的妈妈担心孩子在做事情的过程中出现错误或者是失败,那么,妈妈们不妨去告诉孩子该怎么做,提醒孩子,但是千万不要一切都包办。在孩子尝试着自己做主的时候,千万不要对孩子说"你还小""你不懂""你不行"这样的话,这会让孩子失去自信。意大利著名的儿童教育学家蒙特梭利曾经这样说过:"教育首先需要正确地引导儿童沿着独立的道路前进。"当孩子慢慢长大之后，他就会希望像大人那样承担一定的义务，并且也希望能够像大人那样拥有属于自己的空间。所以说，作为妈妈，不要太压抑孩子独立性活动的意向，应该去解放孩子的手脚，多给孩子一定的锻炼机会，然后让他们做一些力所能及的事情，多多培养他们的独立自主性和自主思维。如果真的这样去做，你会发现，孩子的成长速度是十分惊人的，他们潜力远远超出我们大人的想象。

妈妈应该尽量多给孩子锻炼自我独立性的机会和勇气，这样孩子便能够在自我服务中增强责任心。那么，妈妈们要如何来保护和尊重孩子渴望独立的意愿呢？

### 1. 注意保护孩子的自尊心

心理学家认为，自尊心是一种精神上的需要，是人格的内核。当然，人都会去维护自己的自尊，这种行为是人的本能与天性，并且，孩子的自尊心是他们成长中的动力。在生活中，我们要保护好孩子的自尊心，同时，增强他们的自信心，这当然是合格妈妈的责任。妈妈应懂得孩子的自尊心是他们一生做人的资本，不要随意伤害与践踏它。

### 2. 让孩子自主选择、自由探索

妈妈们有责任去引导孩子的行为变得更加合理，孩子在成长的每一个年龄阶段都会有其特有的身心发展特点以及生活发展内容，家长应该把原本属于他们的独立和自由还给孩子。只有这样，才能够发掘孩子身心发展的巨大潜能。

### 3. 为孩子创造一个思考的氛围

这对孩子形成独特的个性是十分有帮助的，在孩子发展的过程中，有创新意识的思维、举动也是很重要的。父母不能因为孩子的年龄还小，需要成人的照顾而把他看成是成人的思想附属品，要受大人们的支配。孩子也是一个完整的个体，妈妈们一定要为孩子营造一个独立思考的空间和氛围，这样才有利于孩子培养独立的思维形式。

### 4. 对孩子的独立成果应做出及时的反馈

积极的反馈能够让孩子意识到自己内心潜在的力量，对于家长来讲，他们的意见只能是参考，而不能是指导，当然更不应该是命令。在必要的时候，妈妈们应该尽可能地为孩子的独立活动创造一个安全的环境。当孩子在独立完成了一件事情之后，妈妈们应多给予鼓励，鼓励孩子更好地去实现自己的成功。

总而言之，随着孩子的不断长大，他们的自我意识是有所增强的，思维能力也是在不断提高的，对于大人的说教行为，他们不再是"照单全收"，而是会学着发表自己的看法和想法了。所以，妈妈们不妨去培养孩子的这种独立的思维，让孩子感受到快乐的同时，也感受到自己存在的价值。

## 给孩子更多的信任与理解

自信心是孩子立足于社会的重要能力之一。但是自信力绝非是与生俱来的，关键在于妈妈们对孩子后天的细心培养。要想保证孩子有充足的自信，那么妈妈们首先要做的就是相信孩子，妈妈们往往习惯性帮孩子做很多事，出发点自然是爱孩子的，但这种行为往往会导致孩子丧失学会照顾自己的动力，甚至丧失与人交往的机会，并造就孩子以自我为中心、缺乏独立人格的性情。

在日常的生活中，妈妈们要善于发现孩子长处，并多多赞扬，从而来帮助孩子树立自信心和自尊心。通过这种方式来表现对孩子的信心以及信任，妈妈们可以对孩子说："宝贝，妈妈相信你能做到。"当指出孩子优点的时候，妈妈们可以说"宝贝，妈妈觉得你的英语成绩很好"等。妈妈们应该用各种方法来让孩子感受到自信和来自妈妈的理解。

对于孩子来讲，他们需要妈妈们的信任，如果妈妈们对孩子不信任，他们会觉得很无助，同时也会觉得自己没有值得信任的地方。所以说不管在什么时候，妈妈都要让孩子了解到，妈妈是他最值得信任的人，而妈妈也是最信任孩子的。

一个懂得理解孩子的妈妈往往是一个知心的妈妈，对孩子来讲能够得到妈妈的理解将是幸运的事情。孩子希望最理解自己的是自己的妈妈，在他们眼中，只要妈妈们能够真正地理解自己，妈妈就是最值得信任的人。孩子也就会十分依赖妈妈,这种依赖不是缺少独立性,而是信任的一种表现。

刘漠漠的儿子今年已经七岁了。一次,儿子在学校和同学打架,刘漠漠就被老师叫到了学校,老师说希望刘漠漠回家管管儿子。刘漠漠知道自己的儿子虽然调皮,但是很少与别人打架,她想儿子和别的小朋友发生冲突,肯定是有原因的,于是便找到儿子,问儿子怎么回事。儿子说那个叫小山的男孩儿骂自己是私生子,骂自己没有爸爸,所以他才打那个小朋友的。

刘漠漠听完儿子的话,心里很不是滋味,因为刘漠漠的丈夫是一名军人,很少有时间回家照顾他们,一年也就能见一次面。刘漠漠对儿子说:"儿子,你的爸爸是一名光荣的解放军战士,你不是私生子,妈妈理解儿子这次打架行为,以后儿子不要再和小朋友们打架,只要告诉他们真相就行。如果他们还这样说,你就告诉老师,或者是回家告诉妈妈。要知道打架是不对的。"

儿子本以为回家之后妈妈会狠狠地骂自己一顿,没想到妈妈这么理解自己,于是,他从那次之后再也没打过架。

妈妈们不仅要表达自己对孩子的理解和信任,同时也要通过自己的行为表达出来。当孩子感觉到自己的妈妈很理解自己的时候,他们会十分开心,不管是做什么事情,要想让孩子听话,那就一定要让孩子信任自己。那么在生活中,妈妈们怎么做到让孩子信任呢?

### 1. 答应孩子的事情就不要轻易反悔

对于孩子来讲，他们希望妈妈们能够对自己做到诚信，尤其是答应了自己的事情。对于妈妈来讲，很多时候会不由自主地答应孩子做什么，一旦答应孩子就不要轻易改变。如果妈妈们总是轻易改变自己承诺，那么孩子会觉得妈妈不可依靠，自然不会对妈妈产生信任。给孩子一些信任的前提是让孩子能够去信任自己，如果孩子不信任妈妈，自然妈妈也更是理解不了孩子。

丝雨作为一位妈妈说道："有的时候我不知道怎么样才算是理解孩子或者是信任孩子，认为孩子还小，自己做了那么多的事情，只要是对孩子好不就行了。所以有的时候答应过孩子的事情，心想也没有必要去完成。但是我发现，这样的行为造成了孩子不理解我，可能是榜样作用吧，后来发现很多事情孩子不信任我，而我也开始不信任孩子了，这对孩子的成长是十分没有好处的。所以说，要想多理解孩子，首先要让孩子信任妈妈、理解妈妈。"

### 2. 理解孩子的过失，站在孩子的角度去思考问题

孩子会犯错这是很正常的，妈妈们不要急于批评孩子，也许孩子犯错是有原因的，对于孩子来讲，他们内心也是不希望自己会犯错的。所以，这个时候一定要站在孩子的角度去思考问题，千万不要误会了孩子或者是错怪了孩子，一定要考虑到孩子的感受。

王萍说："一次，我的女儿在幼儿园和小朋友闹矛盾，还动手打了对方，回家之后，我知道了这个事情，很生气，便去责备她。

当时女儿感觉很委屈，还哭个不停。后来我才知道，女儿和小朋友闹矛盾是因为对方抢了她的玩具，并且给她弄丢了，这还不是关键，关键是还不跟女儿道歉。知道经过之后，我真的很后悔，后悔开始的时候怎么不多理解孩子一下。要知道我的女儿以前都一直很乖，从来没有跟小朋友打过架，我应该相信女儿，不该说她'越来越不学好'。"

从那次之后，王萍开始理解孩子，不管自己的女儿做错什么事情，她首先会站在孩子的角度去思考问题，并用孩子的思维去跟孩子讲道理，她的女儿也深深感受到了妈妈的关怀和理解。

## 勇于表达，就成功了一半

曾经有位外国人评价她的中国邻居说："很大一部分物质生活能够得到满足的孩子，不过是外表时尚的'提线木偶'而已。"当然，这也是一句令很多妈妈都感觉触目惊心的论断！但是妈妈们应该想一想，先撇去其中的偏激语气不谈，请妈妈们环顾自己生活的四周，应该可以发现很多已经被剥夺了话语权和选择权的孩子，他们没有权利去选择自己想做的事情，没有权利去挑选自己喜欢的朋友和玩具，没有权利发表自己的见解和认识，甚至没有权利去选择自己的人生。虽然妈妈们总是口上说着"宝贝，妈妈这么做是为了你好"，但是孩子的思想并没有得到尊重，妈妈们总是在做一些不尊重孩子的行为，根本不尊重孩子的观点和见解。

然而，妈妈们错了，很多时候，妈妈们真的是忽略了孩子的真实内心，如果站在我们成人的角度，会以为孩子什么也不懂，而却完全没有和孩子做好必要的沟通，以至于孩子会渐渐地不愿意和妈妈交流，或者会想到以其他的方式来进行反抗，比如当孩子哭闹或者是生病的时候。而妈妈们呢，却只会一味地埋怨自己的孩子"不懂事"。没错，他们的年龄还小，生活经验也是有限的，当然，判断力也会出现不足的情况，但是，这并不等于说，他们对自己的生活没有发言权。

曾有一项调查显示，在生活中有 70% 以上妈妈会承认自己没有耐心听孩子说他们自己的思想和观点。其实，造成这种现状出现的原因并非单方面的，可能是社会节奏太快，妈妈们没时间，另一方面是因为妈妈们自我观念太强，以至于无法容忍孩子的"胡说八道"，或者说没有想过孩子也是需要有话语权的，也应该得到应有的尊重。

孩子有自己想事情的方法，孩子希望能够通过自己的思想来实现自己的愿望，所以说妈妈们应该鼓励孩子多思考。孩子需要养成独立思考的习惯，不管是在以后的生活中还是在童年时期，独立思考是孩子必备的素质。妈妈们鼓励孩子去思考、去表达自己的思想，其实就是在培养孩子的独立思考能力。当然，这就要让孩子发表自己的观点。

在妈妈们尊重孩子话语权和自己思想的过程中，还有一点是非常值得注意的，那就是不要轻易打断孩子的话。不管是因为没有时间来听孩子细说，还是觉得孩子的话根本没有道理，当妈妈们和孩子进行交流或者聆听孩子说话时，都不能够轻易去打断孩子的话。

　　如果妈妈们尊重孩子的思想，这对孩子来讲是好的榜样，以后，孩子也就不会做出轻易打断他人的话的行为，因为他们知道这是不礼貌的行为，从而也就帮助了孩子养成认真去倾听的习惯。这样做还可以让孩子充分地表达自己的感受和想法，即便孩子心中有什么不愉快的事情，都能够大胆地表达出来，这样有助于孩子去发泄自己内心的负面情绪，也有助于孩子做得更好。有时孩子与妈妈们倾诉，并不是为了让妈妈帮助自己解决问题，而仅仅是想要妈妈们了解自己的感受，产生思想上的共鸣而已。

　　妈妈们通过鼓励孩子发表自己见解，可以保持孩子思维发展的连续性、紧密性和一定的逻辑性。孩子的思维相对来讲是有一定的局限性的，妈妈们可以通过聆听孩子的观点和见解，了解孩子思维中存在的问题，帮助孩子扩展思维。所以，当孩子说话时，妈妈们的注意力一定要保持高度集中，认真地去聆听，这不仅是为了表现你对孩子的尊重，也是为了帮助孩子发展完整的思维方式。如果孩子的思维经常被打断，那么他就很难建立一个良好的思维习惯以及发展思维能力。

　　当然，要强调的是，让孩子说出自己的见解之后，千万不要一味地去批评孩子观点，一定要记得鼓励孩子和赞扬孩子，毕竟这是孩子动脑筋想事情的表现。如果妈妈们总是一味地去打击孩子，那么孩子会失去前进的动力，最终也是无法实现自己的成功的。所以说对于妈妈们来讲，要想让孩子变得自信，那么还是尊重孩子的发言权吧。

总而言之，孩子也和妈妈们是一样的，他们也是一个独立的个体，也有着自己的思想和理解方式，他们也希望能够有机会去表达自己的真情实感和真实的想法，而且在对待每一件事的时候，孩子也有自己的看法。因此，做妈妈的，就应该做孩子最忠实的听众，鼓励孩子动脑筋去思考问题，让孩子有表达自己见解的机会。当孩子有需要时，就应该尊重孩子的话语权，让孩子能够充分表达自己的个性。

在孩子成长的过程中，如果不懂得去尊重孩子表达自己的观点和见解，这样做的消极影响是显而易见的，主要表现在以下几个方面：

### 1. 会影响妈妈对孩子的了解

孩子在表达自己见解的时候，妈妈们能够通过孩子的话语来了解孩子的思想，如果孩子说话得不到妈妈的重视，他们只能将秘密埋藏在心里，做妈妈的也就很难知道孩子的所思所想，这样对孩子的教育就会变得盲目。

### 2. 导致亲子之间沟通变得困难

孩子的说话如果得不到妈妈们的认可，这样久而久之，孩子与妈妈的沟通会出现困难。经过调查显示，有 70% ~ 80% 的儿童心理问题都和妈妈的教育有关,特别是与妈妈对孩子的教养和交流沟通方式不当有关。所以,妈妈们应该鼓励孩子说出自己的心事,这样孩子就能够更好地去锻炼自己。

### 3. 导致孩子自卑情绪的产生

妈妈不让孩子把话说完,这不利于孩子表达能力的提高,易使孩子变得自卑,如果孩子感觉妈妈不尊重自己的见解和观点,以后的日子里孩子很可能就会懒得去思考。孩子对妈妈诉说内心感受的过程其实就是在提高自己的表达能力、增强社会交往能力,这是极好的机会,如果妈妈们将孩子的这一机会剥夺了,孩子的表达能力就得不到提高,孩子以后在社会交往的过程中就会出现表达困难的现象,进而会产生自卑的情绪。

## 在鼓励中成长的孩子更独立

孩子的年龄比较小,他们的承受能力自然也是比较小的。如果不积极地鼓励孩子前进,那么遇到困难之后,孩子很可能会退缩。成功的过程中会遇到许多艰难、挫折、失败,战胜它们最有效的方法就是坚持。妈妈要培养孩子敏锐目光,让他们看清成功背后的景象,还要培养孩子持续的毅力,坚持到最后。

在困难中坚持下去,已经成为所有卓越人物的共同点,也已经成为他们生活中的一个基调。妈妈要让孩子知道,每一个成功的人，在确定了自己的正确道路之后，都在不屈不挠地坚持着、忍耐着，直到胜利。波斯作家萨迪在《蔷薇园》中写道："事业常成于坚持，毁于急躁。我在沙漠中曾亲眼看见，匆忙的旅人落在从容者的后面；疾驰的骏马落后，缓步的骆驼却不断前进。"

在遇到困难的时候，一定要教会孩子去坚持，在困难面前一定要积极进取，千万不要让孩子感受到无助。坚持对于一个人成就事业是相当重要的，一个人克服一点儿困难也许并不难，难的是能够持之以恒地做下去，直到最后成功。

其实，在很多时候，成功和失败只有一步之遥。妈妈们要告诉孩子，只要能够咬紧牙关，坚持下去，便会得到胜利。很多成功人士在开始奋斗的时候受到了困难的阻挠，他们咬紧牙关突破了困境，才实现了成功。

因此妈妈们要避免孩子的性格变得胆怯。事实上，对于孩子来说，胆怯是一种普遍存在的现象。美国斯坦福大学的心理学家菲利普·津巴多经过调查发现，大约有40%的人会认为自己存在胆怯、腼腆的缺点。

那么在生活中，妈妈们要怎么样培养孩子做事有始有终、在困难面前坚持不懈呢？妈妈可以通过以下两点来教育孩子：

### 1. 让孩子做事有目标

妈妈可以为孩子设定一个目标，然后促使孩子针对目标来采取行动，并在其身边推动这种行动的进行。妈妈可以在孩子完成目标的过程中鼓励他，但是不可以帮助他完成，要让他独立完成；

当孩子想半途而废的时候，妈妈要制止他的行为，一定要让他把这件事做下去，实现既定的目标，即便是在追求的过程中会遇到困难，那么也要告诉孩子不要放弃，要有积极的心态，只有积极地去面对，才能够克服困难，实现自己的目标。

### 2."磨难"是培养毅力的沃土

随着生活水平的日益提高，"磨难"对于孩子们来说是一个较陌生的词语。但是许多事实证明"自古雄才多磨难，梅花香自苦寒来"。张海迪自幼截瘫，无法上学，但为了获得文化知识，她长期不顾一切地顽强学习，终于成为作家，便是很好的一个例子。能不能坚持下去，其关键在于能否以不屈的意志、顽强的精神与噩运抗争，创造出奇迹，做出常人无法做到的事。在顺境中成长的孩子，磨难可能成为他们的致命伤；而在逆境中长大的孩子，磨难却成了他们人生道路上一笔可观的财富。因此，妈妈们应该在日常生活中给自己的孩子设置一些障碍，让其独立克服障碍、跨越障碍，妈妈可以在旁边关注，必要时要给予适当帮助，以此锻炼孩子面对困难而坚持不懈的毅力。

## 把孩子当强者看，他就是强者

有的妈妈会问：如果自己认为孩子是强者，孩子就能成为强者的话，那不是人人都是强者了？是啊，在生活中，人人都是强者有什么不好呢？其实，对于孩子来讲，他们需要来自妈妈的信任和鼓励，即使你的孩子在长大后没有成为一个强者，妈妈们如果能够把他当作强者来培养，至少也会让孩子成为一个聪明人或者是自信的人，不至于让孩子因为自卑而堕落。所谓"取法其上，得乎其中，取法其中，得乎其下"说的就是这个道理。

妈妈们或许认为这样的说话方式看上去，有点像是调侃，但是事实上这是有一定的科学依据的。在教育学中有一条十分重要的原则：学生的信心是来自于老师的信心的。这也就是说，作为孩子早期的教育者的妈妈，她们信心对孩子自信心的树立是十分重要的，如果孩子对自己做事情没有信心，那么在以后的生活中，他怎么可能会成为强者呢？

我们先来看这样一个故事：

古希腊神话里有一位叫皮格马利翁的塞浦路斯国王，一天，他自己雕了一个少女像，渐渐地竟然爱上了这个少女像，并且十分真诚地期望自己的爱能在雕像上获得感应，这种真挚的爱情和真切的期望感动了爱神阿芙狄罗忒，她就给了雕像以生命，雕像幻化成了一位少女。

虽然这只是一个神话传说，但是，妈妈们对待孩子也是这样的，妈妈们爱自己的孩子，希望自己的期望能够在孩子身上实现。在生活中，妈妈们的期望使"雕像"变成"美少女"的例子也屡见不鲜。

美国心理学家曾做过一个实验，让研究人员主动给学校一些学生的名单,并很坚定地告诉校方,说他们通过测试发现,这些名单上的学生就是天才学生,只不过是尚未在学习中表现出来而已。其实,这些学生只是研究人员随机抽取的。然而,实验中却发生了一件不可思议的事情,就在学年末的测试中,这些学生的学习成绩的确偏高,比其他的学生要好很多。

这一实验就是教育史上著名的"皮格马利翁效应"实验。为什么会出现这样的现象呢?研究者认为,这主要是由于教师期望的影响。由于教师认为这个学生是一名天才,因而寄予他更大的期望,在上课的时候给予他更多的关注,通过各种方式,向他传达"你很优秀"的信息,学生也能够感受到教师的关注,因而便会感受到一种激励的力量,学习时加倍努力,因而才会取得好的成绩。

相反,有专家专门对犯罪儿童进行了研究,发现许多孩子会成为少年犯的原因之一,就在于妈妈们不良期望的影响。他们因为在小时候偶尔犯错,或者是在小时候经常顽皮,便被贴上了"不良少年"的标签,这种消极的期望会引导孩子们,使他们也越来越相信自己就是那个"不良少年",最终走向犯罪的深渊。

从心理学角度来看,积极的期望能够促使孩子向好的方向发展,而消极的期望则会使孩子向坏的方向发展,所以说妈妈们应该经常对孩子讲一些积极的话语,比如说"说你行,你就行"。

管仲在做齐国的宰相之前,曾经做过负责押送犯人的差事,但是在做这个差事的时候,与别的押解官不同的是,管仲并没有亲自押送过犯人，而是让他们按自己的喜好安排自己的行程，只要是在预定日期赶到就可以了。犯人们感到这是管仲对他们的信任和尊重，因此，没有一个人中途逃走或者是不按期到达预期地点，由此可见，积极期望会对人的行为产生巨大的影响。

其实，对孩子的教育也是同样的道理，只要你相信孩子，孩子就会给你带来惊喜！但可惜的是，由于"望子成龙，望女成凤"的浮躁心态一直在作祟，有很多父母往往喜欢拿自己子女和别人的孩子来做对比，总会认为自己的孩子不行，总认为自己的孩子很笨、自己的孩子很差。而且，常常得出"自己的孩子不如别人的孩子"的悖论。其实，这样往往会让孩子更加不自信，从而更加技不如人。

有教育专家这样说过："生命之海是不可比的，父母应该深信自己的孩子是最好的。抱着一颗阳光之心，并且要保持阳光的心态，才能培养出一个具有阳光般性格与阳光般心灵的孩子。因此，即使孩子没有超人的本领或者是特长，只要他学会用灿烂的微笑来迎接自己将来的生活，用乐观积极的态度去面对自己的未来，他照样能够活出一片属于自己的天地来。"是啊，妈妈们用阳光的心态来对待自己的孩子，就能够使自己的孩子拥有自信，孩子也就有了动力，从最初的平庸走向辉煌。

母亲节的时候妈妈都会感到很幸福，在1975年母亲节的时候，在哈佛大学就读的比尔·盖茨就给自己的妈妈寄了一张祝福贺卡，他在贺卡上写道："您总是在我干的事情里寻找那些值得赞扬的地方，我十分怀念和您在一起的幸福时光。"当人们问起这段话的意思的时候，比尔·盖茨笑着自豪地说："我现在一切的成功都是源于我母亲对我的信任。"

正是因为比尔·盖茨有了这样一位善于欣赏和赞扬儿子的伟大母亲，才会有比尔·盖茨今天的卓越成就。在现实生活中，在妈妈眼里孩子是永远长不大的，其实孩子在慢慢地成长，作为妈妈，不仅要给孩子自由的空间，也要教会孩子在自由的空间中自信地翱翔。因此，为人母亲，千万不要对自己的孩子泄气，一定要用最有力量的语言来鼓励孩子，让他有一百分的自信，他会用自己卓越的成功来回报你。只要你相信他，他就会成为你眼里的天才！

### 1. 在孩子遇到困难之后，对孩子说"你是最棒的"

孩子需要鼓励，但是这并不表示在孩子的世界里没有挫折。当孩子面对挫折的时候，妈妈们要鼓励孩子，告诉孩子："你是最棒的，妈妈相信你。"因为对于孩子来讲，妈妈的话是最有动力的，所以说，这些话往往能够让孩子感受到快乐。

### 2. 在孩子做事情之前，告诉孩子"你一定能行"

孩子希望自己能够成功，但是有的时候往往会因为胆怯而不敢迈出大胆的脚步，这个时候妈妈们不妨去"推"孩子一把，告诉孩子"你能行"，这样孩子也会觉得自己能行，自然做事情也就变得更加自信了。

## 切忌"一帮到底",孩子的路让他自己走

任何一个孩子,都需要在父母的教育和环境的影响下发展自己的特点,这样才能够形成不同的人格品质和能力。儿童心理学研究表明,幼儿期心理活动的主动性是很大的,在这个时期,孩子喜欢自己去尝试和体验。家长可以因势利导,并且把握孩子这个时期的心理特点,在保证孩子安全的前提下,放手让孩子去做力所能及的事情。

妈妈们应该本着"大人放手,孩子动手"的原则,多去培养幼儿的自理能力。有一些家长害怕累着自己的孩子,也害怕孩子做得不够好,自己重新再做会太麻烦和太浪费时间,因而不让孩子做一些力所能及的事;还有一些家长认为,吃饭、穿脱衣服等生活技能是不用训练的,因为孩子在长大后,自然就会了。其实这些观念都是不正确的。

对于妈妈来讲,应该让孩子具备自我服务意识,这种意识也是幼儿发自内心的需要。对孩子进行自我服务能力的培养,通常是为了让孩子长大后能够更加适应未来社会的需要。妈妈对孩子的培养,一定要眼光长远,不要因为怕孩子受苦而什么也不让孩子去做,这样只会影响孩子的成长和发展。

在孩子的成长时期对他们进行自我服务能力的培养,正是为他们对未来的劳动心理奠定基础,同时也是培养孩子完善自我行

为的关键所在。在我们日常的生活中，需要妈妈们用心去教育孩子自立，让孩子做他们力所能及的事情，这样他们会感觉到生活的快乐，也会因为自己的进步而更加的快乐。

小丽的儿子肖蒙已经六岁了，孩子长这么大还从来没有自己吃过饭，每次吃饭都要妈妈来喂。穿衣服也不会自己穿。小丽并没有觉得这有什么不好，但是偏偏问题就发生了。

肖蒙刚到幼儿园的时候，他竟然自己不会吃饭，他看到其他的小朋友都在吃饭，他却不知道要怎么吃。幼儿园的老师看到了，很好奇，问肖蒙为什么不吃饭，他说："在家都是妈妈喂我饭的，我自己不会吃饭。"在一旁的小朋友们听了都笑了起来，课下那些小朋友还在嘲笑肖蒙这么大了还要妈妈喂，肖蒙自然很不开心。

等到放学的时候，小丽来接孩子回家，看到孩子不开心，眼圈都红了，好像是哭过了，她连忙问孩子是怎么回事。肖蒙将事情的经过告诉了小丽，小丽听了自然很惊讶，她没想到自己对孩子的宠爱竟然害了孩子，让孩子没有了独立的能力。从那之后，小丽开始教孩子怎么拿勺子、怎么夹菜，后来她又教孩子怎么去洗脸刷牙，她终于明白了，让孩子做他们力所能及的事情是对孩子的爱，也是对孩子独立性的锻炼。

妈妈们应该提供给孩子锻炼自己的机会，如果不给孩子机会，那么就等于剥夺了孩子发展自理能力的机会，久而久之，孩子也就会丧失独立能力。所以说我们要本着"大人放手，孩子动手"的原则，让幼儿做一些力所能及的事情，这样对孩子是一种锻炼，也促进了孩子智力的发展。在家里，家长可以根据孩子的兴趣和自己的能力，因势利导地去做事情，随后通过自己具体、细致的示范，找到适合的方式来培养孩子的自理能力。那么在生活中，妈妈们要注意些什么呢？

### 1. 从身边的小事开始培养孩子

要从孩子身边的小事情开始做起，要注意做事情的先后顺序，由易到难，教给幼儿一些自我服务的技能，比如让孩子学习擦嘴、擦鼻涕、洗手、刷牙等简单的事情。这些看上去虽是很小的事情，但实际上是给幼儿创造了很好的锻炼机会，是在无形中培养幼儿独立生活的能力。当孩子能够完成一项工作后，妈妈一定要夸赞和给予孩子肯定，只有这样才能够增加孩子的自信心。

### 2. 当孩子做错的时候，不要打击孩子

在孩子开始做的时候，难免会出现错误，在这个时候，妈妈们千万不要去打击孩子的自信心，要鼓励孩子去完成自己的行为，即便是孩子错得很不像话，也要先夸奖孩子的勇敢。孩子会因为妈妈的鼓励勇敢地去完成自己的事，只有这样孩子才能够在以后的生活中变得更加主动。

### 3. 当孩子遇到困难的时候，妈妈要及时出现

孩子的年龄毕竟还小，在做事情的时候，可能会遇到一些困难。当妈妈发现孩子无法单独完成的时候，一定要主动提供帮助，要帮助孩子去完成，千万不要让孩子感受到很无助，只有这样孩子才会重新充满动力做下去。

## 社交不是"独角戏",教孩子做个"社交达人"

有的孩子不善于交朋友,很多孩子总是习惯自己待着,不喜欢与他人交往,这样对孩子今后的发展并没有好处,毕竟孩子以后的人生要面对社会,要面对社会中的人,这就需要让孩子变得更加善于与人交流。

为了帮助孩子更好的交际,妈妈们要提供给孩子更多的社交帮助,与此同时,妈妈们应该考虑怎么样才能够让孩子在社交的同时,又能够提高孩子的学习能力。

学习外国的语言是中国孩子的一个难题,不善于交际也是中国孩子的一个难题。交个外国笔友,不仅可以快乐学习语言,还可以培养孩子的交际能力。

斯特娜夫人是一个成功的教育家。在女儿很小的时候,就教她学习世界各国的语言,让她用世界语和世界各国的小朋友通信,这种做法一方面是为了提高孩子的学习兴趣和学业水平,另一方面是为了让女儿逐渐学习与人交往,培养女儿的交际能力。

斯特娜夫人的女儿和许多国家的小朋友结成了好朋友,他们通过写信进行交流,谈各自的生活和学习,各自国家的风土人情,以及对生活和社会的看法。经过这样的锻炼,斯特娜夫人女儿的外语突飞猛进。

对中国的孩子来讲,多会一种语言是有竞争优势的。但又不能逼迫孩子为了学习语言而学习语言。斯特娜夫人的做法就值得我们称赞和学习。

在这个过程中，另外一个收获就是斯特娜夫人的女儿因为和别人的交流，过去有点封闭和自卑的性格也有了很大的改善。斯特娜夫人不仅允许女儿和女生通信，还允许她和男生进行交流。她认为，女孩子敏捷并富于想象力，而男孩子则富于理解力。让他们交流，可以互相取长补短，女孩子可以从男孩子身上学到勇敢果断等品德，男孩子可以从女孩子身上学到亲切柔和等品德，这样对双方都有益。

在生活中，斯特娜夫人也让女儿和各种类型的孩子进行交流。当女儿长大一些后，母亲又鼓励她和其他小朋友一起组织开会等集体活动。当然，这类活动应是有益而愉快的。在母亲的鼓励和支持下，女儿担任了"美国少年和平同盟"会长以及"少年慰问团"会员等职务。

斯特娜夫人从完善孩子性格的角度出发，鼓励女儿与同龄孩子一起游戏、组织活动。这是因为在以后的成长道路上，孩子要和许多的人交流。这需要懂得人际交往的技巧。

与人交往是人类特有的社会性需要，儿童也不例外。儿童在与成人的交往中，不仅能够得到关心和爱抚，而且通过成人的言行了解了一些简单的社会道德规范和行为准则，并逐步以成人的要求评价、判断和调节自己的行动。在与同龄伙伴的交往中，通过共同游戏和活动也能逐渐学会如何表达自己的愿望，如何彼此友好相处。

但好多妈妈对孩子关切过度,事事代为安排,往往令孩子失去发展合群性的机会。例如当孩子自己玩的时候,妈妈常过分注意他,拿东西给他、抱他,令孩子不能自由、充分地发展自己的兴趣。这样的孩子很少向人打招呼,因为总是妈妈先开口,教他叫某叔叔或某姨姨。妈妈常喜欢拿他来向人炫耀,次数多了则令孩子感到尴尬。孩子生病时,妈妈总是不眠不休地细心照顾,同样,当孩子顽皮时,妈妈也往往把事情看得太严重,以致小题大做。凡此种种,使孩子太少练习交际口才,不懂如何与人交往。入学以后,这类孩子也很难适应学校生活,不容易结识朋友。与同龄的伙伴玩耍时,不是畏缩,便是争吵打架,最后被孤立。

正因为以上原因,使当代独生子女的社会适应能力普遍发展较缓慢。如果不能及时引导,孩子便逐渐养成内向、孤僻、沉默寡言、软弱怕事的性格,失去一般小朋友的天真活泼气息。另一方面,也会造成做事过分认真,追求完美,以至容易钻牛角尖。

一个女孩走过一片草地,看见一只蝴蝶被荆棘弄伤了,她小心翼翼地为它拔掉刺,让它飞向大自然。后来蝴蝶为了报恩化作一位仙女,向小女孩说:"为了报答你的仁慈,请你许个愿,我将帮您实现。"小女孩想了一会儿说:"我希望永远快乐。"于是仙女弯下腰来在她耳边悄悄细语一番,然后消失无踪。小女孩果真很快乐地度过一生。当她年老时,邻人问她:"请告诉我们吧,仙女到底说了什么,让您的一生都这么快乐?"她只是笑着说:"仙女告诉我,我周围的每个人,都需要我的关怀,需要我真心以待。"

那么,如何培养孩子的交往能力呢?下面几种常用的方法可供参考:

### 1. 创造平等和谐的交往氛围

家长不能摆出"长道尊严"的面孔训斥孩子。家庭中涉及孩子的问题,更应想到孩子,听听他们的意见。家庭中的大事,孩子可以知道的应该让孩子知道,适当地让孩子"参政议政"。

### 2. 教给孩子基本的交往技能

孩子的交往技能,如分享、协商、轮流、合作等过程中所需要的技能,需要家长在潜移默化中传授给孩子。通过一个个生动的故事,教孩子学会关怀别人、理解别人——这正是与他人友好相处、培养孩子的社交能力的根本。

### 3. 鼓励孩子走出家门

交往的技能只有在与人交往中才能学会,家长应该尽可能地为孩子打开生活空间,鼓励孩子走出家门,广交朋友,要提供更多的交往机会。如让孩子去找伙伴玩,邀请邻居家的小孩子、同班同学来家做客。心理学家指出,同伴对指导或训练儿童掌握社会交往技能,帮助孩子走出孤独具有特殊作用,因为这种技能,儿童是无法在成年人那里学到的。父母还应适当地带孩子进入自己的社交圈,外出做客时,尽可能带孩子参加,提醒孩子注意大人间的交往与谈话礼貌;家中有客来,把孩子介绍给大家,让孩子参与接待,倒茶、让座、谈话等,不要一味地将孩子赶走。让孩子在实践中学习交往,有利于消除孩子交往中的胆怯、恐惧心理。平时家长还可以有意识地让孩子去完成一些需要交往的任务,比如说去楼下小店买个日用品,帮忙把什么需要转交的东西送到某处,等等。总之,很多帮孩子学习交往的机会就在生活中,家长只要花点心思注意利用就可以了。

### 4. 赞扬孩子的每一点进步

随着孩子的成长,在与他人交往时一定会有明显的进步,一见陌生人就胆怯退缩不敢说话等情况一定会有所改变。但这时候,别忘了,做妈妈的还有一件十分重要的事要做:及时去发现孩子的每一点变化——课堂上勇敢地举手发言;第一次主动与老师打招呼;热情邀请同学来自己家做客;向一个陌生人微笑致意;购物时学着讨价还价;同情弱者;帮助他人——所有这一切,你要随时看在眼里、记在心里,并持续不断地鼓励他。如此坚持下去,你一定能看到孩子的良好表现而倍感欣慰。

人是社会人,每个人要想在社会上生存就必须学会与他人沟通、交流,掌握一定的交往技巧有利于少走弯路,更快地融入团体。

## 世上没有懒孩子,让孩子学会自己解决问题

孩子将来的一切都离不开自身的奋斗,独立生活能力是一个人生存与发展的基本能力。让孩子学会自己的事情自己解决,学

会独立是帮助他成长的一大关键，让孩子从解决自己身边的问题做起。

每个孩子从出生到长大成人，是一个从依赖走向独立的过程。如果孩子过于依赖，成年后的他就将面临更多的困难，这对他的未来是极为不利的。很多家长为孩子承担了过多的东西，除了学习，其他事都由家长理所应当地代办，这样非常不利于孩子的独立精神的培养。

也许有的孩子会说：爸爸妈妈愿意去做，还不让我做，我也没有办法。的确，很多父母在无意识中剥夺了孩子们体验的权利。

的确，有些家长常常过分呵护孩子，不放手让孩子大胆尝试，过分宠爱孩子。但孩子总要长大，迟早要独立面对社会和人生，迟早要自己去解决面临的问题。所以有必要让孩子从小去尝试一些力所能及的事情，为孩子创造一些条件和必要的机会，让孩子从小学习自己去解决问题、适应社会。

小善妈这个家庭主妇当得可真不轻松，每天下了班回家，要服侍年迈的公婆，打理一家人的衣食住行，还要照顾刚读小学的儿子小善。每天下来，她都只有一个字来形容：累。特别是那宝贝儿子小善，已经7岁了还什么都不会做，事无巨细都必定要她亲力亲为。小善妈尽力事先替孩子做好一切，但偶有疏忽，就会被弄得手忙脚乱。头一天她加班回来已经很晚，忘了把小善第二天要穿的衣服准备好，第二天一早小善醒来后就冲着正在厨房忙碌的妈妈喊："妈妈，今天穿哪件衣服？""妈妈，穿哪条裤子？""穿哪双鞋？""过来帮我系鞋带。"……满头大汗的小善妈不禁感叹："唉，这孩子，怎么这么依赖大人，一点都长不大！"

但是，在抱怨的时候，这位妈妈有没有想过：这一切是谁造成的呢？因此，为了孩子的未来，家长们，放手吧，让孩子自己来！要知道，让孩子从小养成独立生活的习惯是父母的首要任务，因为独立是孩子真正成长为一个大人所必须具备的素质。

人的独立精神是立业的根基。孩子的独立性格应表现在从小自己会睡、会坐、会玩，不处处依靠大人；会走以后，能够独自串门；自己的事情自己做；在保证安全的前提下，还会自己上幼儿园、走亲戚、与陌生人交朋友等。那些胸前挂钥匙的孩子，独立精神往往是比较强的。

家长关心、爱护孩子不是错，满足孩子生理和心理正常发育的需求，也是家长的天职。但是，如果家长都像小善妈一样，对孩子的任何事情都大包大揽，不仅家长累得心烦，也束缚了孩子的手脚和头脑，久而久之，就会使孩子形成不良的依赖心理。很多家长觉得孩子依赖性太强，什么都不会做，可没想到孩子长不大的最根本原因往往就在家长自己身上。孩子的成长是身体和心理成长的组合，大多孩子吃得好长得壮，心理的"营养"却被忽视，自立能力和生存能力得不到锻炼，这样的孩子或许在学习上是优等生，可一旦离开家长走向社会，就会成为寸步难行、困难重重的"劣等生"，甚至被淘汰。

所以，让孩子学会独立是帮助他成长的一大关键。家长们都要清楚地意识到孩子们将来的一切都离不开自身的奋斗,独立生活能力是一个人生存与发展的基本能力,而这种能力不是天生的,是从小培养起来的,而首先要培养孩子的就是自己照顾自己的好习惯,不能让他依赖大人。

既然已经了解了孩子的独立性发展的过程以及培养孩子独立性的重要性,那么家长应该从哪些方面来进行独立性的培养呢?

### 1. 家长要有意识地树立孩子的自信心,让他相信自己不依赖大人也能做好很多事

孩子自信心的建立,应着重从"参与"入手。从孩子懂事开始,家长可以在适当场合多征求孩子的意见,让孩子参与一些事情。如买什么玩具、购什么图书,都要适时地放手,让孩子自己选择。这样既遵循了孩子的意愿,也让他在参与中无形地增强了自信心。

### 2. 家长要战胜自己

在培养孩子独立做事时,最关键的是家长自己要战胜自我。有的家长一见孩子碰到困难,不是鼓励他去克服困难,而是立即代劳。还有的家长明知应要求孩子克服困难,坚持自己去做事,但只要孩子一哭一闹,立刻心软而妥协,依顺孩子,从而前功尽弃。因此,为了孩子的未来,家长应下决心甚至下狠心,培养孩子克服困难的精神和毅力。

### 3. 让孩子自己的事情自己做

在日常生活中,尽量做到自己的事情自己做。如自己的衣服自己洗,自己的房间自己收拾,自己做错了事情要勇于承认过错。

家长在生活当中注意适时让孩子做力所能及的事,多承担一些能承担的责任。随着孩子年龄的增长,让他承担责任的范围也要相应加大。如4岁时可让孩子学洗自己的手帕;5岁时收拾自己的床、抽屉;7岁时可教他做些简单的饭菜……

### 4. 给予孩子充分的自由

孩子的独立自主性是在独立活动中产生和发展的,要培养独立自主的孩子,就应该为他提供独立思考和独立解决问题的机会。在孩子"独立自主"时,家长不要干涉过多。如果一方面要求他自立,另一方面对他这也限制那也约束,会让孩子感到左右为难,产生怠慢情绪。

### 5. 给孩子一个独立自主的好榜样

榜样的力量是无穷的。如果你自己就是一个处处依赖他人,对什么事都拿不定主意、动不动就寻求帮助,那你不要指望你的孩子能够独立自主。你的一举一动,还有你的品质,都是孩子模仿和学习的榜样。所以,先从你自己独立自主做起吧!

### 6. 循序渐进,不要随便批评

独立自主性的培养是一个长期的过程,需要循序渐进地进行。切不可急于求成,对孩子的发展做出过高的、不合理的要求,也不能因为孩子一时没有达到你的要求,就加以批评和指责。

要怕麻烦,嫌孩子添乱、费时,也不要嫌他做得不好,只要他有"参与",就应以鼓励为主,对进步做出充分肯定,勉励他下次做得更好,让孩子慢慢进步。

# 第六章
## 成长是一种责任,敢担当的孩子才有未来

## 勇于承担是"长大"的标志

名将刘易斯曾经说："尽管责任有时让人厌烦，但不履行责任，只能是懦夫，不折不扣的废物。"无论生活中还是工作中，敢于承担责任是一种永远不会褪色的光荣，而同时，不敢承担责任的人，是没有立足于社会和发展自我的机会的。一个懦弱的人，必须培养和树立责任心，才有可能勇敢地承担责任，才有可能去做自己想做的事，否则会畏首畏尾，永远走不出黑暗。

每个人都喜欢与敢于承担责任的人相处、共事和生活。然而生活中却常常有推卸责任的事情发生。

刘洁和王浩是同事，他俩工作一直都很认真，也很努力。老板也对他俩很满意，可是一件事却改变了两个人的命运。

一次，刘洁和王浩一同把一件很贵重的古董送到码头。没想到送货车开到半路却坏了。因为公司有规定：如果不按规定时间送到，他们要被扣掉一部分奖金。于是，力气大的刘洁，背起古董，一路小跑，他们终于在规定的时间赶到码头。这时，心存小算盘的王浩想，如果客户看到我背着邮件，把这件事告诉老板，说不定会给我加薪呢，于是他对刘洁说："先把古董交给我，你去叫货主吧。"

当刘洁把邮件递给他的时候,他一下没接住,古董掉在了地上,成为碎片。他们都知道古董打碎了意味着什么,没了工作不说,可能还要背负沉重的债务。果然,老板对他俩进行了十分严厉的批评。

在他们等待处罚的过程中,王浩避开刘洁,一个人走到老板的办公室,对老板说:"老板,不是我的错,是刘洁不小心弄坏的。"

老板把刘洁叫到了办公室,刘洁把事情的原委告诉了老板。最后他说:"这件事是我们的失职,我愿意承担责任。另外,王浩的家境不好,请求老板酌情考虑对他的惩罚。我会尽全力弥补我们所造成的损失。"

接下来的几天,他们就等待处理的结果。终于有一天,老板把他们叫到了办公室,对他们说:"公司一直对你俩很器重,想从你们两个当中选择一个人担任客户部经理,没想到出了这样一件事,不过也好,这会让我们更清楚哪一个人是合适的人选。我们决定请刘洁担任公司的客户部经理。因为,一个勇于承担责任的人是值得信任的。王浩,从明天开始你就不用来上班了。"

"其实,古董的主人已经看见了你们俩在递接古董时的动作,他跟我说了他看到的事实。还有,我更看重的是问题出现后你们两个人的反应。"老板最后说。

王浩推卸责任最终落得个失业的下场。你也会像他一样不敢承担责任,害怕灾难降临吗?但是你的不负责任决定了你被淘汰的结果。灾难就是喜欢不敢承担责任的人，老板就是喜欢敢于承担责任的人。

现实生活中，有人为了躲避痛苦，而选择逃避问题、逃避责任。其实，成长就是要经历无数挫折与失败，能够忍受痛苦、承担责任的人，他的生活才能平平安安、顺顺利利。如果一个人不能在重大的事情上接受生命的挑战，他就不可能有平和，不可能有快乐的感觉，同样，也不可能摆脱这些困扰。

你的内心深处有一种别人听不到的声音，而你自己却无法将这个声音平息下来：“你缺少勇气，你没有勇气，你逃跑了，你是逃兵。"

与其受这种声音的困扰，还不如以普通的方式忍受不快。或者接受，或者不接受，我们每个人都必须做出选择。

一个人可以用以下四种方法中的一种来对待生命：可以逃跑；可以游移不定；可以将其接受，随波逐流；还可以用信仰和目标紧紧抓住生命，超越生命。

面对竞争，面对压力，面对坎坷，面对困厄，有人选择了逃避，有人选择了面对和征服，结果不言而喻，越是逃避越是躲不开失败的命运，越是敢于迎头而上，越是能够品尝到成功的甘甜。

那么，怎样做才能克服逃避心理呢？

首先，要克服自己的怯懦心理。很多人逃避责任不是因为没有能力，而是因为内心存在怯懦心理。因此，要克服逃避心理，必须先克服自己的怯懦心理。

其次，告别懒惰。懒惰是逃避者的一大通病，任何懒惰的人都不会获得成功。

再次，切实负起责任。一个总是逃避的人，必须培养和树立责任心，才有可能勇敢地承担责任，才能去做自己想做的事，否则会畏首畏尾，永远走不出黑暗。不论遇到什么问题，哪怕是面临失败，也不要灰心丧气，要勇敢地正视它，以积极的态度寻找应变的方法。一旦问题解决了，自信心也会随之增加，逃避的行为就会消失。

## 责任心成就孩子的一生

人生好比一个旅程，从拥有生命的那一刻起，我们就载上了一种叫生存的使命与责任，这不仅仅是为我们的生存负责，更是为其他人的生命负责。这样，负责的灵魂就能闪耀出异常夺目的光辉。在危难的时刻，责任感甚至可以挽救一个人的生命。

有一个由业余登山爱好者组成的登山队，他们要对世界第一峰——珠穆朗玛峰发起进攻。虽然人类攀登珠峰已经不止一次了，但这是他们第一次攀登世界最高峰。队员们既激动又信心十足，他们有决心征服珠穆朗玛峰。

经过考察后，他们选择自己状态很好、天气也很好的一天出发了。攀登一直很顺利，队员们彼此互相照应，没有出现什么问题，高原缺氧的情况也基本能够适应，在预定时间，他们到达了1号营地。大家都很高兴，因为一个良好的开始，就等于成功了一半。

第二天，天气突然发生了变化，风很大，还有雪。登山队长征求大家的意见，要不要回去，因为要确保大家的生命安全。生命只有一次，登山却还有机会。但是大家都建议继续攀登，登山本来就是对生命极限的一种挑战。

于是，登山队继续向上攀登。尽管环境很恶劣，但是队员征服自然，征服珠穆朗玛峰的信心却十足，大家小心翼翼地向上攀登。"队长，你看！"一个队员大喊，大家循声望去，在离他们很远的地方发生了雪崩。虽然很远，但雪崩的巨大冲击力波及登山队，一名队员突然滑向另一边的山崖，还好，在快落下山崖的那一刻，他的冰锥紧紧地插进了雪层里，他没有滑落下去，但他随时有可能被雪崩的冲击力推下去。

情况十分危险，如果其他队员来营救山崖边的队员，有可能雪崩的冲击力会将别的队员冲下山崖。如果不救，这名队员将在生死边缘徘徊。队长说："还是我来吧，我有经验，你们帮我。大家把冰锥都死死地插进雪层里，然后用绳子绑住我。""这很危险，队长。"队员们说。"已经没有犹豫的时间了，快！"队长下了死命令。大家迅速动起手来，队长系着绳子滑向悬崖边，他拼命地拉住了抱住冰锥的队员，其他队员使劲把他俩往上拉。就在下一轮雪崩冲击到来之前，队长救出了这名队员。全队沸腾了，经过了生死的考验，大家变得更坚强了。

最终，登山队征服了珠峰。站在山峰上，他们把队旗插在山峰的那一刻，也把他们的荣誉和责任留在了世界上最纯净的地方。后来，队长说："当时我也非常恐惧，知道随时可能尸骨无还，但我认为，我有责任去救他，我必须这么做。责任的力量太大了，它战胜了死亡和恐惧。真的。"

责任可以战胜死亡和恐惧，可以让一个人变得勇敢和坚强。面对困难和危险，牢记心中的责任，你就能够从中汲取战胜困难的勇气和力量。即使是在日常生活中，责任感也同样能够让平凡的生命展现出动人光亮的一面。

怀特先生在市郊买下了一套新居。迁入新居几天后，有人敲门来访，怀特先生打开房门一看，外面站着一位邮差。

"上午好，怀特先生！"他说起话来有种兴高采烈的劲头，"我的名字是麦克，是这里的邮差。我顺道来看看，向您表示欢迎，介绍一下我自己，同时也希望能对您有所了解，比如您所从事的行业。"麦克中等身材，蓄着一撮小胡子，相貌很普通。尽管外貌没有任何出奇之处，他的真诚和热情却溢于言表。这真让人惊讶：怀特先生收了一辈子的邮件，还从来没见过邮差做这样的自我介绍，但这确实使他心中一动。

一天，怀特先生出差回来，刚把钥匙插进锁眼，突然发现门口的擦鞋垫不见了。难道连擦鞋垫都有人偷？不太可能。转头一看，擦鞋垫跑到门廊的角落里了，下面还遮着什么东西。事情是这样的：在怀特先生出差的时候，快递公司误投了他的一个包裹，放到沿街再向前第五家的门廊上。幸运的是，有邮差麦克。看到怀特的包裹送错了地方，他就把它捡起来，送到怀特的住处藏好，还在上面留了张纸条，解释事情的来龙去脉，又费心地用擦鞋垫把它遮住，以避人耳目。

麦克不仅仅是在送信，他现在做的是别人分内应该做好的事！他的行为使怀特先生大为感动。麦克是一个金光灿灿的例子，人性化的贴心服务正该如此，他为所有渴望在工作中有所作为的人树立了榜样。

这名普通的邮差具有一种难能可贵的品质，那就是负责。他把自己的工作做得有声有色，秉承一种对客户负责的态度，他做到了最好。负责，使平凡变得光彩夺目，使普通变得异常出色。对事、对人负责是我们永远要学习的品德。

## 对小事负责才能担当大任

"一屋不扫，何以扫天下"，一个人不愿意做小事，不愿意对小事负责，就不可能在大事面前担当责任。就像罗曼·罗兰曾说过的那样——在这个世界上，最渺小的人和最伟大的人同样有一种责任。

卡菲瑞先生回忆比尔·盖茨小时候，写下这样一段文字：

1965年，我在西雅图景岭学校图书馆担任管理员。一天，有同事推荐一个四年级学生来图书馆帮忙,并说这个孩子聪颖好学。

不久,一个瘦小的男孩来了,我先给他讲了图书分类法,然后让他把已归还图书馆却放错了位置的图书放回原处。

小男孩问:"像是当侦探吗?"我回答:"那当然。"接着,男孩不遗余力地在书架的迷宫中穿来插去,小休时,他已找出了三本放错地方的图书。

第二天他来得更早,而且更不遗余力。干完一天的活后,他正式请求我让他担任图书管理员。又过两个星期,他突然邀请我上他家做客。吃晚餐时,孩子母亲告诉我他们要搬家了,搬到附近一个住宅区。孩子听说要转校,担心地说:"我走了谁来整理那些站错队的书呢?"

我一直记挂着他。但没过多久,他又在我的图书馆门口出现了,并欣喜地告诉我,那边的图书馆不让学生干,妈妈又把他转回我们这边来上学,由他爸爸用车接送。"如果爸爸不带我,我就走路来。"

其实,我当时心里便应该有数,这小家伙决心如此坚定,内心充满责任感,则天下无不可为之事。不过,我可没想到他会成为信息时代的天才、微软电脑公司大亨、美国首富——比尔·盖茨。

从中我们可以看出,许多伟大或杰出人物身上,总有优于常人之处或早或迟地显示出来。比尔·盖茨对待图书馆工作这样的小事,就已经表现出一种超乎同龄人的责任感,这也是他日后能取得卓越成就的一个重要原因。

一位大公司的老板曾经讲过这样的故事。有个人来他公司应聘,经过交谈,他觉得那个人其实并不适合他们公司的工作,因此,他很客气地和那个人道别。那个人从椅子上站起来的时候,手指不小心被椅子上跳出来的钉子划了一下。那人顺手拿起老板桌子上的镇纸,把跳出来的钉子砸了进去,然后和老板道别。就在这一刻,老板突然改变了主意,他留下了这个人。

事后,这位老板说:"我知道在业务上他也许未必适合本公司,但他的责任心的确令我欣赏。我相信把公司交给这样的人我会很放心。"

对小事负责才能够在未来的社会中担当大任。家庭和学校是我们培养责任感的最好地方。无论在家庭和学校,我们都要主动去做一些小事情,去充当一些有意义的角色,体会自己的行为对集体所产生的重要性,同时也培养战胜自己弱点、增长各种能力的信心。

艾森豪威尔小时候的家庭境况不错。后来父亲的生意破产,欠下一笔数目不小的债务,家里的日子开始拮据起来。艾森豪威尔的母亲是一名勤快乐观的女性。她巧妙地在 3 间屋子里给 6 个孩子安置舒适的床铺,安排孩子们轮流值日、做家务,让他们学会帮厨、洗碗和洗衣;学会修剪果树,采摘果实,并把它们储存过冬;学会给菜园除草、堆草垛;学会喂鸡、挤牛奶。

在全家人的共同劳动中,孩子们不仅可以体会到劳动的乐趣,更领悟到对家庭的责任。反思自身,在家庭中,我们应主动承担一些力所能及、与自己年龄相当的劳动任务。可以和父母谈谈建设家庭的计划，在我们大一些后，甚至可以与父母商讨家庭财政安排。

比如，可以从家庭理财开始，可以和父母商量一下，了解家里每月有多少固定收入，每月计划开支的金额和实际支出的数目、家庭有哪些方面的投资、准备投资的方向、家庭所需大件商品的购买与否等，与此同时，还可以参与家庭采购，如买菜，等等，以便与实际有所接触。在参与理财之后，对当家理财有亲身的体会，就能有效地改变自己原先对家庭经济状态漠不关心的态度，也能对市场、物价、商品和家庭等方面情况有所了解和认识，并丰富这方面的知识。要知道，人需要多方面的知识和实践，而当家理财这方面的知识又是我们今后所不可缺少的。那么，提前接触这方面的知识又有什么坏处呢？至于担心因此而影响学习，显然是多余的。

总之，无论是在学校还是在家中，点滴的小事都可以培养出我们的责任感。做好身边的每一件小事，从中培养自己的能力和责任心，我们就能够在未来的社会中担当责任。

## 责任胜于能力，让孩子扛起责任的大旗

生活自理能力是一个人生存于社会的基本条件，是孩子独立性的一种表现。父母应当珍视孩子不同年龄段的生活自理愿望，

而不要过多约束,剥夺孩子"独立成长"的机会。这样不仅可以培养孩子的生活自理能力,还可以培养他们的责任心。

现在大多数家庭的孩子都是独生子女,因此在素质教育的探讨中,关于孩子的人格发展特点受到了更多的关注。尽管到目前为止,对于现在的孩子是否有独特的人格发展进程尚有争议,但大量关于独生与非独生子女之间的发展比较研究,至少给我们提供了许多极其有意义的启迪。

很多专家认为,总的来说,独生子女和非独生子女相比较起来,独生子女相对比较自私、任性,不知道尊重长辈。但是在大部分性格特征上,并不是说独生子女比非独生子女差,甚至他们有机会比非独生子女发展得要好,但也更有可能在这方面出现问题。这种向两端分部的情况说明,这种发展特点并不是独生子女生来就有的,而是教育不恰当、不完善造成的,特别是家庭教育。因此培养独生子女的健康人格,关键还在于恰当的教育方式。

对大多数父母来说,感情的分寸往往难以掌握,表达感情的方式也不恰当,常常是盲目的溺爱代替了理智的教育。因为就这么一个孩子,父母就把全部的爱都倾注于这唯一的孩子身上了。当孩子进入学校以后,如果学校又只是片面地看重文化知识方面的学习,忽视了学生性格方面发展的问题,那么,孩子就又错过了矫正不良性格特征的另一个重要发展时期。

那么,作为独生子女的父母,应该如何选择恰当的教育方式呢?那就是对孩子要"严格要求、不娇不纵",掌握爱的分寸,不必对其行为过分担心和限制，并为其创造"集体环境"，这些是克服独生子女性格发展中所产生种种弊端的关键。

具体地说，父母应该充分认识到孩子在各方面的发展需要，并采取相应的教养行为模式。

俗话说，"习惯成自然"。习惯不是某种行为的偶然表现，而是一个人习惯化了的行为方式。让孩子从小学会独立自主，父母可以通过以下六点来教育孩子：

### 1. 让孩子认识真正的自己

想让孩子全面正确地认识自己，就要了解孩子在各个年龄阶段所具备的一些能力。要知道什么年龄的孩子应该做一些什么事情，这样，父母就可以放心让孩子自己去做自己的事情，去慢慢地发现真正的自己，而不是依赖父母告诉他是一个什么样的孩子。除此之外，父母还要在日常生活中让孩子去发掘自己的个性、特点、习惯、兴趣和爱好等。因为选择的过程也就是一个认识自己的过程，只有了解自己的方方面面，才能更好地决定取舍。有些孩子常说自己没有什么特别的兴趣和爱好，或者今天的兴趣是这个，明天又变成另外的了。这都是父母平时很少注意培养孩子的兴趣造成的。

### 2. 让孩子自己安排和自己负责

很多父母不给孩子自主选择的权利，因为他们对孩子没有信心，怕他们会做出一些错事，这样，也会让孩子对自己失去信心。很多父母对自己的孩子照顾得十分周到，从生活到学习，各个方面都替孩子想到并且帮他们做好，可以说，一切可以包办的父母都一手包办了，孩子只需要吃饭、睡觉和学习。从表面上看，父母对孩子真的是无微不至，但是，正是父母的这些无微不至的行为"培养"了孩子的依赖性。其实，对于孩子来说，他们也希望能够得到父母的信任，把自由选择的权利还给他们。如果父母经常对孩子说，"你可以做好这件事""这是你自己的事情，你可以自己选择"，类似这样的话语，这样，孩子就会勇敢地去做尝试，而不是一味地依靠父母。

如果父母对孩子管束太多，或者经常强迫孩子服从自己的意志去做事，就会使孩子的精神负担过重，心情受到压抑，个性发展受到阻碍，从而缺乏独立自主性。所以，有些时候，父母可以让孩子试着对自己的事情做一些安排，并且告诉他，一切事情的后果他要负责。比如，让孩子对他某一天的行动自己做安排，父母不要插手，如果在这天，孩子因为出现了什么错误而发脾气的话，父母千万不能自揽责任，而是要让孩子意识到自己想做的事情应该自己安排好，并且学着负责到底。这样，久而久之，孩子就会养成自立的好习惯。

### 3. 给孩子充分的空间，让孩子自由发展

让孩子在独立的活动中发展他的独立自主性。想要让孩子独立自主，就要为他提供一些独立思考和独立解决问题的机会。因为孩子还没有足够的生活经验，也许会对一些事情做出错误的判断。但是，这种错误是有必要的，也是可以理解的，因为他们需

要从中吸取教训。如果父母不给他们自由发展的空间和机会，他们也就不会有足够的实践来面对将来需要做出自主选择的事情，到时候，他们很可能会束手无策，也可能会茫然以对，毕竟谁也不会一开始就具备自主选择的能力。

当然，这不是说父母对孩子就可以撒手不管了。父母可以对孩子做出选择的依据和动机做一些了解，还可以把自己的经验和想法告诉他们，以供孩子参考。如果孩子的选择确实存在着某些问题，也可以和父母一起来商讨解决。

和每个成年人一样，孩子也想拥有自己的时间。如果时间的安排完全由成人包办，孩子只是去执行，那么孩子的自主性就永远也培养不起来。

### 4. 与孩子建立亲密的关系，让孩子充分感受到爱

因为独立自主的培养，需要以孩子的信任感和安全感为基础。只有当孩子相信，在他遇到困难时一定会得到帮助，他才有可能放心大胆地去探索和尝试。因此，在孩子活动时，父母应该陪伴在其身边，给予鼓励。

### 5. 相信孩子能处理好自己的事

自主选择并不是让孩子进行盲目的选择，当孩子在进行某些重大决定的时候，父母可以帮助孩子收集资料，了解和熟悉各选项，这样有助于孩子进行科学、理性的选择。如果孩子没有很强的自主选择能力，父母可以和他一起分析资料，找出各选项的利弊，最后了解孩子做出选择的动机。如果孩子有较强的自主能力，

父母则可以让他自主完成选择。只要父母在重大的事情上帮助孩子把好关，防止出现重大的错误即可。当然，不同年龄阶段的孩子具有不同的自主能力，父母这种把关的尺度也应该不一样。

培养孩子用揠苗助长这种违反客观规律的做法，肯定是要失败的，但是消极地完全"顺其自然"，也不利于孩子的成长。遵照客观规律，积极创造条件，让孩子去锻炼，这才是我们应该采取的正确做法。

### 6. 尊重孩子的选择

孩子的选择往往表现出他的自主性，但由于父母害怕孩子做出的选择是错误的，总是不敢把选择的权力交给孩子。可是，如果从来不让孩子有机会使用选择的权力，那么，他也就永远都学不会自己选择，永远没有自主性。

有的父母在把某些选择权交给孩子的同时，会事前为他提供有关情况，帮他分析各种可能，并且告诉孩子，一旦选错了，必须要负起责任。他们认为，在这种情况下，即使孩子的选择是错的，也是对于孩子的一次教训，是很值得的。比如，有一位妈妈带孩子去少年宫报名，就先让孩子看看小组活动，本来，妈妈的意愿是让孩子学钢琴，可是发现孩子在舞蹈组门前看得出神。于是，妈妈尊重孩子的选择让她报舞蹈班，但要求孩子对自己的选择负责，一定要坚持把舞蹈学好。

父母和孩子做出的选择当然不可能是完全一致的，在这个时候，父母不应该不听取孩子的意见就否决它。如果经常否定孩子的选择,就会让孩子觉得父母不尊重他们的选择,这样就会打击孩子的积极性,更不利于培养孩子的自主能力。

## 责任感教育:别让孩子赢得了输不起

"妈妈,我要买一盒小彩笔。"

"家里不是还有吗?"

"已经旧了,也不全了。"

"笔有什么旧不旧的呢?只要能用。为什么会不全了呢?是不是没有用心收好?没有收好自己的东西是你的责任。丢了笔,只好凑合着用剩下的了,下回就知道收拾东西了。"

"妈妈你真抠门儿,要是爷爷早就给我买了。"

"我不认为省钱就是抠门儿。省下钱可以买其他有用的东西,而且不浪费东西,也可以节约资源,好处很多,为什么不省着点呢?"

这是一个富裕家庭的妈妈与孩子在收款台前的对话。

随着生活水平的提高,人们都渐渐"大方"起来,尤其是对孩子。更是大有"千金散尽还复来"的味道。曾几何时,花钱"大方"成了"爱"孩子的标志。这里不仅仅是孩子的问题,父母的思想也存在着误区。

过去,我们有"小小针线包,革命传家宝"的优良传统,我们的孩子也都懂得父母所讲的道理，但是，今天我们富裕了，怎样对待孩子的物质要求？怎样培养孩子节省的意识？可以说，节俭是一种美德，无论是贫穷的年代还是富裕的时代，我们都应当崇尚节俭。从小的方面看是为了居家过日子，从大的方面看是为了人类节省资源，无论从哪一个角度都应该理直气壮地崇尚节俭。

过去，孩子从小就受到了这种教育，现在孩子还应当从小就受到这种教育，无论你的家庭是否富有，勤俭持家的传统不能丢。有些父母自己很节俭，对孩子却很大方，这是一种爱，却是一种极不明智的爱。

对孩子来讲，教育他们省钱，主要看重在不浪费东西上。而有社会责任心的父母不妨更进一步，教育孩子为人类节省资源。

一位母亲曾讲了这样一个故事。

她在听了环保讲座后对女儿解释为什么要节约用水："因为我们城市的地下水位很低，气候又比较干燥，而用过的污水都被排水管道排到了大海，回不到地下水中，这样最终造成水源枯竭。所以我们每个人都要从自己做起，比如在淋浴时不要让水哗哗地流淌，自己去干其他事。"

从那以后，她经常听见7岁的女儿向她喊："别浪费水啦，不洗就关上。"而当她用浪费水来提醒女儿时，女儿也会马上行动。她忽然觉得自己变得高尚起来。她的女儿也长大了许多。

是的，不只是这位母亲变得高尚起来，孩子更是如此。让孩子从小接受对社会负责的意识，长大才能成为有责任心的人，而有责任心的孩子是最容易接受道理的，他们可以避开许多无益的纷争。

教育孩子节俭的美德，让孩子懂得不能要买什么就买什么。当他们接受了这种观念，就会免除付款台前的尴尬。

美国儿童心理学家詹姆斯·杜布森博士在《孩子管理法则》一书中提出，不要让孩子沉浸于物欲之中。

他指出，孩子对于贵重玩具的需求，是制造商通过上百万美元的电视广告所精心营造出来的。小消费者们在巨大的魔力面前张大嘴坐着，五分钟以后便能挑起一场战争。如果同街区其他三个孩子得到了令人羡慕不已的玩具，对此，妈妈和爸爸开始感到有压力，甚至有负疚感。

问题是爸爸经常能买得起新东西，用他很有"魔力"的信用卡。孩子为什么不能得到？孩子要什么买什么，便成了理所当然的理由。

一些人会问："为什么不呢，为什么我们不能让孩子享受家庭成果呢？"当然大家并不否认，对男孩们和女孩们所渴望的东西，应该有一个合理的购买量。但是许多孩子被对他们有害的奢侈行为所淹没了。繁荣富足比艰难不幸对人的品格提出了更大的考验。

让孩子感到无论他想要什么、无论什么时候想要，他都有权得到，没有什么比这更能抑制孩子对父母的感激之情了。

观察男孩或女孩在生日晚会或圣诞节打开礼物的情景，是很有启发意义的。

孩子的生日晚会上,孩子对贵重的礼物只看了一眼,就一个接一个地丢到一边去了。孩子的冷淡和不欣赏使母亲很不舒服,于是她说:"噢,孩子!看这是什么?是一台小录音机!你要对奶奶说些什么呢?给奶奶一个紧紧的拥抱吧。你听到我的话了吗,孩子?去给奶奶一个热烈的拥抱和一个吻。"

孩子可能会或者也可能不会对奶奶说几句感激的话。他的冷淡源于这样的事实,即凡是容易得到的东西都没有多少价值,而无论买主当初花了多少钱购买。

孩子们竟然会对他想要的某些东西不屑一顾,还有一个原因,尽管听起来不可信——但当你给孩子太多东西的时候,实际上是在骗取他的高兴。

当一个强烈的愿望满足时,快乐就产生了。如果没有需求,也就不会有快乐。一杯水对一个快要渴死的人来说,比黄金还宝贵。这一原理显然可以适用于孩子。

不给孩子缺少某种东西的机会,他永远也享受不到获得它的喜悦。如果你在他会走路之前给他买三轮脚踏车,在他会骑车之前给他买自行车,在他会开车之前给他买汽车,在他知道金钱的价值之前给他买钻石戒指,他会带着很少的快乐和更少的感激之情收下它们。这样的孩子是多么不幸啊,他永远没有机会去渴望一些东西,晚上梦到它,白天计划着它。本来他甚至有可能下决心为要得到它而工作。通过渴望而得到的同样的东西,可能成为战利品和宝贝。所以，让孩子品尝暂时失去的感受，这更加能使孩子懂得许多道理。

## 帮孩子丢掉依赖，请适当"袖手旁观"

有一位妈妈领着四岁半的儿子去游玩，遇到一个土坑，儿子非要下去玩。当儿子玩得高兴时，妈妈躲到不远处的地方，不让儿子看见。儿子玩够了，要上来，开始喊妈妈。妈妈却一声不吭，装作没听见。儿子开始直呼其名，她还是不理。于是，儿子连哭带骂："坏妈妈，大坏蛋！呜呜……"可无论怎样哭喊都不见妈妈露面，儿子只好自己想办法。他发现土坑里有一个小阶梯，便手脚并用地爬出了土坑。当他发现妈妈就在不远处蹲着时，便惊喜地扑上去，高兴地举着小拳头自豪地说："我是自己爬上来的！没有妈妈，我自己也能爬上来！"

由于孩子小，家长出于对孩子的关爱，无微不至地照料孩子吃穿住行，安排好孩子的学习生活，让孩子按家长的命令行事。这种做法在孩子很小的时候是可取的，但随着孩子年龄的增长、自立能力的增强，家长就不能拘泥于这种方法了，因为这样容易使孩子产生严重的依赖心理，影响孩子独立自主地成长。家长这时的主要任务就是要锻炼孩子们的自理能力，渐渐帮助他们改掉依赖的习惯。其实改掉依赖的习惯是培养孩子责任意识的开始。

如果孩子什么事都依赖家长，那他自然不会想要自己做自己的事，也就不会有自我责任感，这是人类惰性使然。而家长不可能让孩子依赖一生，真正的爱是要培养其独立自主的能力。帮助孩子改掉依赖的习惯，做家长的就应该从自身做起，严格要求自己，不能什么事情都代替孩子做。因为孩子本身就是一个独立的个体。孩子也有独立的人格、尊严和决定自己未来的权利。

每个孩子都有自身的特性。有的家长不顾孩子的天性和意愿，以过来人自居，越俎代庖地为孩子一生划下明确的路线，让孩子按照自己制定的目标和路线去努力。而有些家长让孩子完全脱离集体这个大环境，在封闭的状态下按自己的方式教育孩子，给孩子的心理造成难以消除的阴影，造成孩子性格扭曲，孩子成了满足自己心理愿望的工具。这样的做法看起来似乎是为了孩子的将来，实际上不利于孩子责任意识的培养和养成，也是家长自私的体现。

鲁迅先生曾说："子女是即我非我的人，但既已分立，也便是人类中的人。因为即我，所以更应该尽教育的义务，教给他们自立的能力，帮助他们改掉依赖的品行，锻炼他们的责任意识；因为非我，所以也应同时解放，全部为他们自己所有，成为一个独立的人。"鲁迅先生的话正表达了这样一种现代教育观念：子女，是我的孩子，又不完全等同于我，他从母体出来后，已与母体分开，成了人类中的一个独立的人。因为还是我的孩子，作为家长就有教育他的义务，而这种教育主要是教给他自立的能力，而不是任何事情都帮助他们处理，因为他不等同于我，所以要解放孩子，使他们完全成为独立的人。

孩子告别依赖，一个重要的表现是独立地生活。要独立生活，就要做到自己的事情自己负责。孩子在面对生活中的各种事情时，只有明确了自己的责任，并勇于承担自己的责任，才能成为真正独立的人。所以，平常就要让他们养成自己的事情自己做的习惯。从现在开始，让他们自己动手做他们自己力所能及的事情：自己收拾、打扫自己的房间，整理自己的衣服，学习上遇到了困难要自己多想办法解决，不要依赖别人的帮忙，家长工作忙的时候要学会做饭，等等。这些小事，都可以成为锻炼孩子自理能力的机会，不能再事事让孩子依赖家长。

家长除了教会孩子自己的事情自己负责，让孩子生活能自理之外，还要让孩子从思想上做到不依赖成年人，这就要加强对孩子独立思考能力的培养，让孩子做到能独立地提出问题、思考问题、解决问题，养成自觉的好习惯。自觉的培养比起让孩子能生活自理则更进一步了，它是孩子全方位发展的体现，只有做到了自觉，才谈得上尽量不依赖成年人。

另外，家长在教育孩子的时候，要让他们懂得自己未来的道路是靠自己的力量走出来的，要他们学会依靠自己，这样才能使成功的道路越走越远，越走越开阔。

## 学会道歉,别做责任感的逃兵

小洋坐在靠近门边的书桌前写作业,外面风很大,作业本被风吹得"啪啪"直响。于是小洋不得不一次次跑去关门,每次关上没多久,猛烈的风就又把门吹开了。

这时,邻居有事来找妈妈,她没有进门,便和妈妈两人站在大门外闲聊起来。

恰巧此时门又被风吹开了,小洋跑过来用力关门,只听外面传来一声痛苦的叫喊声。

小洋打开门惊恐地看到,门外的妈妈五官痛苦地扭曲在一起,看到小洋出来,妈妈暴怒地冲他扬起了手。原来,刚才妈妈的手放在门框上,小洋突然关门,差点把妈妈的手指夹断。

小洋吓坏了,以为这次免不了一顿暴打。但是妈妈的巴掌一直没有落下来,小洋的脸颊感受到的也仅仅是一阵风而已。

事后,手指受伤的妈妈对小洋说:"当时我实在痛得厉害,原想狠狠地打你一个耳光。但是,转念一想,是我自己把手放在夹缝处的,错的人是我,凭什么打你?"

小洋的妈妈用自己的行动告诉了小洋一件事情,那就是要勇于承担自己的责任,敢于说"对不起"。

有的妈妈认为孩子做错事时道不道歉并不重要,只要孩子下次注意就可以了,但是当错误产生时,妈妈一旦无原则地让步,对孩子姑息迁就，就是变相地提示孩子，自己的错误可以不用承担责任。

"对不起"这三个字虽然看起来很平常，却蕴藏着无穷的力量。

试想，当你在路边散步时，突然被一个骑自行车的人撞倒了，正当你怒发冲冠准备发火的时候，那人轻轻地对你说了声"对不起"，你是不是就生不起气来了。在生活中，当我们和别人发生了什么不愉快的事情时，若能够做到礼貌，时时多讲两句"对不起"，那许多大事就可以化小，小事便可以化无了。

而且，更重要的是，让孩子学会说"对不起"，其实是教育孩子要勇于承担自己的责任。一个做错了事而不敢去承担的人，就是一个没有责任感、没有价值感的人，他无法认识到自己在社会中的地位与重要性，也找不到前进的方向，就会失去创造的动力，最终将一事无成。这样的孩子是可悲的，这样的妈妈也是失败的。

一位哲人曾说，犯错是人的惯常行为之一，错误本身并没有可怕之处，最让人担忧的是，当错误已成事实的时候，我们却选择了逃避，而没能从中学到生活的经验。妈妈作为孩子最亲近的人，应该教孩子学会说"对不起"，让他学会承担起属于自己的责任。

每个人都不是天生就具有责任感的，责任感是在适宜的条件和环境下萌发的，并随着年龄的增长和心智的逐渐成熟而形成。

因此，家庭是孩子责任感赖以滋长的土壤，妈妈对待孩子的态度以及教育方法，是孩子的责任感能否形成的重要条件。

为了教育好孩子，妈妈需要注意以下几点：

### 1. 明确告诉孩子是非对错

孩子不道歉不一定是孩子成心不认错，很多是因为孩子的是非观不明确，不懂对错是非。家长应该耐心地告诉孩子，错在哪儿、怎么做才正确。而且家长要让孩子有足够的安全感，知道他不会因为认错而被家长责骂，这样孩子道歉就会顺理成章，也不会对认错产生畏惧感。

还有的孩子犯了错，总是寻找各种谎言来逃避责任，家长一定要及时纠正这种行为，让孩子明白说谎是一种恶劣的行为，比犯错误更不可原谅。

### 2. 鼓励孩子承担责任

勇于承担责任的孩子是受欢迎的，当孩子做错事后，家长要让孩子明白是由于自己的过失才造成这样的后果。但错误不是不可挽救的，可以让孩子提出一些可行的补救办法，以增强孩子的责任感。一味地指责只会加重孩子的逆反心理，父母不仅要注意孩子的言语上的道歉，更要让孩子摆脱自我为中心的想法，让孩子有愿意承担责任的勇气。

### 3. 做错了一定要说"对不起"

当孩子犯了错时，千万不要偏袒他们，而应该让他们为自己的行为担起责任。逃避责任，只会让孩子留下人生的硬伤，甚至一错再错。比如孩子吃饭的时候打翻了自己的碗,要向妈妈说"对不起";不小心踩了小朋友的脚,也要马上道歉,说自己不是故意的。

### 4. 适度的惩罚与表扬

孩子犯错后,家长不可听之任之,除了让孩子明白错误的原因及补救方法外,还应该根据错误的严重程度给予孩子必要的惩罚。让孩子知道做错事后必须承受后果,从而牢记教训。家长可以通过目光注视、远离孩子、拿走孩子的玩具等惩罚措施,让孩子对自己的错误行为产生内疚,从而减少再次犯错的行为。当孩子意识到自己的错误而主动道歉后,家长也应该给予适当的表扬,让孩子明白知错能改的行为是好的。

### 5. 要给孩子做最好的表率

家长是孩子最好的老师和榜样。当家长做错了,或者错怪了孩子,应该真诚地向孩子道歉,这样不仅不会降低家长的威信,反而会让孩子明白,每个人都会犯错,道歉不是丢脸的事。家长为错误主动道歉的行为反而会让孩子更尊敬家长,孩子也能从中学会主动认错。

比如你发现自己晾在阳台的衣服不翼而飞了,你以为是孩子淘气藏了起来,便不听孩子的解释把他教训了一顿,当你发现衣服其实是被风吹到了楼底下的时候,不能放不下面子就这样算了,相反,你应该马上向孩子道歉,孩子便能感同身受,下次自己遇到这样的事情,才会勇于承担。以身作则,是教育孩子的最好方法。

### 6. 教孩子做一个宽容、善良的人

当自己受到触犯的时候，要勇于原谅别人的错误，学会换位思考，比如在餐厅吃饭，一个小朋友不小心把饮料泼在了孩子身上，这个时候可以教孩子想一想："如果你是他的话，一定已经非常内疚了，我们就不要再责怪他了。"让孩子做一个大气、宽容的人，才能得到幸福和快乐。

# 第七章
## 爱不能全是甜的：让孩子在挫折中学会坚强

## 抗挫折能力：让孩子受益一生的力量

有这样一个故事：草地上有一个蛹，被一个小孩发现并带回了家。过了几天，蛹上出现了一道小裂缝，里面的蝴蝶挣扎了好长时间，身子似乎被卡住了，一直出不来。天真的孩子看到蛹中的蝴蝶痛苦挣扎的样子，十分不忍。于是，他便拿起剪刀把蛹壳剪开，帮助蝴蝶脱蛹出来。然而，由于这只蝴蝶没有经过破蛹前必须经过的痛苦挣扎，以致出壳后身躯臃肿、翅膀干瘪，根本飞不起来，不久就死了。

这个小故事也说明了一个人生的道理，要得到欢乐就必须能够承受痛苦和挫折。这是对人的磨炼，也是一个人成长必经的过程，正所谓："若非一番寒彻骨，怎得梅花扑鼻香？"

其实，适度的挫折对人生的成长具有一定的积极意义，它可以帮助人们驱走惰性，促使人奋进。挫折又是一种挑战和考验，生活中许多轻度挫折是意志力的"运动场"，当你大汗淋漓地跑完全程，克服了生活的挫折，就会获得愉快的体验。

莲娜有一个悲惨的童年，10岁时母亲因病去世，由于父亲是一个长途汽车司机，经常不在家，也无法提供莲娜正常的生活所需。因此,莲娜自从母亲过世以后,就必须自己洗衣做饭,照顾自己。

然而,老天爷并没有特别关照她。当她17岁时,父亲在工作中不幸因车祸丧生。从此莲娜再也没有亲人能够倚靠了。

可是,噩梦还没有结束,在莲娜走出悲伤,开始独立养活自己之时,却在一次工程事故中,失去了左腿。

然而,一连串意外与不幸,反而让莲娜养成了坚强的性格。她独立面对随之而来的生活不便,也学会了拐杖的使用,即使不小心跌倒,她也不愿伸手请求人们帮忙。

最后,她将所有的积蓄算了算,正好足够开一个养殖场。

但老天爷似乎真的存心与她过不去,一场突如其来的大水,将她的最后一丝希望都夺走了!

莲娜终于忍无可忍了,她气愤地来到神殿前,怒气冲冲地责问上帝:"你为什么对我这么不公平?"

上帝听到责骂,现身后满脸平静地反问:"哪里不公平呢?"

莲娜将她的不幸,一五一十地仔细说给上帝听。

上帝听完了莲娜的遭遇后,又问:"原来是这样啊!的确很凄惨,那么,你干吗还要活下去呢?"

莲娜听到上帝这么嘲讽她,气得颤抖地说:"我不会死的!我经历了这么多不幸的事,已经没有什么能让我感到害怕。总有一天我会靠着自己的力量,创造自己的幸福!"

上帝这时转身朝向另一个方向,"你看!"他对莲娜说,"这个人生前比你幸运许多,他可以说是一路顺风地走到生命的终点。不过,他最后一次的遭遇却和你一样,在那场洪水里,他也失去了所有的财富。不同的是,他之后便绝望地选择了自杀,而你却坚强地活了下来!"

人生之路,不如意事常八九,一帆风顺者少,曲折坎坷者多。成功是由无数次失败构成的。在追求成功的过程中,还须正确面对失败。乐观和自我超越就成为能否战胜自卑、走向自信的关键。正如美国通用电气公司创始人沃特所说:"通向成功的路,即把你失败的次数增加一倍。"但失败对人毕竟是一种"负性刺激",总会使人产生不愉快、沮丧、自卑的情绪。

要战胜失败所带来的挫折感,就要善于挖掘、利用自身的"资源"。应该说当今社会已大大增加了这方面的发展机遇,只要敢于尝试,勇于拼搏,就一定会有所作为。虽然有时个体不能改变"环境"的"安排",但谁也无法剥夺其作为"自我主人"的权利。屈原被放逐乃赋《离骚》,司马迁受宫刑乃成《史记》,就是因为他们无论什么时候都不气馁、不自卑,都有坚忍不拔的意志。有了这一点,就会挣脱困境的束缚,迎来光明的前景。

若每次失败之后都能有所"领悟",把每一次失败都当作成功的前奏,那么就能化消极为积极,变自卑为自信。作为一个现代人,应具有迎接失败的心理准备。世界充满了成功的机遇,也充满了失败的风险,所以要树立持久心,以不断提高应付挫折与干扰的能力,调整自己,增强社会适应力,坚信失败乃成功之母。

成功之路难免坎坷和曲折，有些人把痛苦和不幸作为退却的借口，也有人在痛苦和不幸面前寻得复活和再生。只有勇敢地面对不幸和超越痛苦，永葆青春的朝气和活力，用理智去战胜不幸，用坚持去战胜失败，我们才能真正成为自己命运的主宰，成为掌握自身命运的强者。

## 挫折是大自然的计划

著名诗人摩根有一篇名为《当大自然征召某人时》的诗，当中有这样几句——

当大自然征召某人时，

刺激这个人，

训练这个人。

当大自然想要塑造某个人

让他扮演最高贵的角色；

它全心全意渴望

创造一个如此伟大及勇敢之人

让全世界予以赞扬——

当大自然想要造就某人，

推动一个人，

唤醒这个人；

当大自然想要命令一个人

执行将来的意愿；

它以所有的技巧加以尝试

以全副心力渴望

完整而伟大地将他创造出来……

我们深信，挫折是大自然的计划，大自然就是通过这种方法，来考验人类，促使他们在磨难中不断成长。大自然偏爱那些努力奋斗的孩子，把高尚的品格、瞩目的成就和优越的地位作为他们战胜挫折的回报。

困境是人生的另一所大学。我们常常羡慕那些含着金汤匙出生的人，他们的老爸不是某某某，就是认识某某某；他们有钱有势，连上学都坐宝马车。但事实上，未经挫折磨炼洗礼的人是很难有所作为的。

从前有一对夫妻，结婚多年一直没有孩子。或许是他们的诚心感动了老天，婚后的第十年，终于生了个儿子。夫妻俩整日开心得合不拢嘴，把孩子取名叫阿龙，希望他将来功成名就，成为人中之龙。

小阿龙长得白白胖胖，爸妈把他无微不至地捧在手心里，舍不得让他遭受到任何一点碰撞。

"孩子，走路时记得要看着脚下，当心别跌倒了。尤其是在瓷砖地板上走路，那上面又湿又滑，特别容易滑倒。还有，走山路时也要看脚下，一不小心踩滑了，说不定你会从山顶上摔下去的。"父母预想了各种状况，总是对着阿龙谆谆教诲，不希望孩子发生意外。

这对慈祥的父母在阿龙 25 岁那年先后去世了。言犹在耳，阿龙没有忘记父母亲千交代、万叮咛的嘱咐，时时刻刻都遵循着父母的指示：当他在街上走路，在山上踏青，在春天的草原里漫游，在神秘的森林里踌躇时，他都小心翼翼地注意不让自己被任何东西绊倒。

从小到大，他几乎从来没有跌倒过，也从来没有扭伤过，更没有碰伤过头，就连踏到水坑的机会也没有。

只是，这样的步步小心并没有使他步步高升，他一直专注于自己的脚下，无论是蓝色的天空、明亮的彩霞，或是闪烁的星星、城市的灯火、人们的笑容，对他而言都只是惊鸿一瞥的影像，他从来不曾凝神留心地细看过。

终其一生，阿龙并没有功成名就，成为人中之龙；他最大的成就，充其量只是从未摔倒而已。

大自然让人们在奋斗的过程中不断成长、壮大与进步。未经磨难，一个人是不可能成功的。一个人从生到死，就是一连串的成长与考验，并从每一次面对挑战的经验中累积智慧。爱默生说过："放手去做，你就会有力量。"

迎接磨难并予以克服，你就会拥有所需的足够力量与智慧。如果一个人总是生活在一帆风顺的环境中，没有经历过挫折的磨炼和洗礼，就好像温室里的花朵，一旦脱离了优越的成长环境，就会面临自下而上的困境。森林中最强壮的树木，并未受到严密的保护，它们必须和环境搏斗，和周围的树木争夺养分才得以生存。

汤姆的祖父以制作马车为生。每回整地播种时，他总会留下几棵橡树，任凭它们在空旷的田地里承受风吹雨打。他这样告诫汤姆：

"那些大自然里努力求生存的橡树，比森林里受到保护的同伴更坚实，更具韧性。祖父用那些饱经风霜的橡木制作车轮，弯成弧形的零件，不必担心会断裂。因为它们受过磨难，有足够的力量承受最沉重的负担。

"磨难同样可以强化人们的意志。大多数的人希望一生平坦顺利，然而，未经磨难与考验，往往会庸庸碌碌过一生。

"我们应该勇于面对逆境，努力奋斗，才会有更多机会。

"磨难迫使我们向前进，否则我们将停滞不前；它引导我们通过考验，获得成功。未经磨难，无法得到任何有价值的东西，人生是不断奋斗的过程，勇于面对困难，克服困难，继续迎接下一个挑战的人，就是最后的赢家。"

汤姆祖父的话指出了挫折在我们人生成长过程中的意义。苦难是人生的大学，挫败是成长的阶梯。伟大人物无一不是由苦难而造就的，一个人如果好逸恶劳，就无法战胜困难，也绝不会有什么前途。一个成功人士说："生前没有经历困难的人，他的生命是不完整的。"

困境好像运动器械，可以锻炼人，使人体格强健，所以，困境是我们成就事业最有利的基础。安德鲁·卡内基说："一个年轻人最大的财富莫过于出生于贫穷之家。"困境本是困厄人生的东西，但经过奋斗而脱离困境，便是无比的快乐。

## 学会把挫折燃烧成动力

美国 NBA 决赛有一段很有意思的电视广告。在广告里，迈克尔·乔丹走进体育馆，向热情的球迷们打招呼。你可以听出他自言自语的声音。在此辉煌的时刻，他在回忆一生中遭遇的挫折。他想起念中学时被开除出篮球队的情形，想到在职业棒球赛上的失败，想到他在 NBA 生涯中 38 次没有拿下决胜的一分。在广告的最后，乔丹对着镜头说："这就是我成功的原因。"多么震撼人心的哲理！

如果你还未曾遇到挫折，你也许习惯于一种懒散的状态，随波逐流，几乎不想或不愿去冒险，去挑战，以免让自己品尝到挫折的滋味。这将会使你失去可贵的进取心。你或许在学习和爱情上有过较小的挫折，但这不是一种刻骨铭心的失败，因此你对此可能不会留有深刻印象。可以这么说：几乎每个人都拥有相等的机会。没有一个人命中注定要过一种失败的生活，也没有一个人命中注定总会一帆风顺。机遇要靠自己去探索，去把握，去牢牢地抓住。要想成功，就要敢于冒险，敢于面对挫折，并要有战胜挫折的勇气。

英国的索冉指出："挫折不该成为颓丧、失志的原因，应该成为新鲜的刺激。"唯一避免遇到挫折的方法是什么事都不做，没有失败，没有挫折，就无法成就伟大的事。

一只蚌跟它附近的另一只蚌说，"我身体里边有个极大的痛苦。它是沉重的，圆圆的，我遭难了。"

另一只蚌怀着骄傲自满情绪答道："赞美上天也赞美大海，我身体里边毫无痛苦。我里里外外都很健全。"

这时有一只螃蟹经过，听到了两只蚌的谈话，它对那只里里外外都很健全的蚌说："是的，你是健全的，然而，你的邻居所承受挫折的痛苦，乃是一颗异常美丽的珍珠。"

造成痛苦的砂粒在蚌体内形成了可爱的珍珠。痛苦的时间越长，珍珠的价值越大。宝贵的生命是由挫折创造出来的，价值大小与挫折带来的痛苦成正比。

天下哪有不劳而获的事？如果能利用种种挫折，把它"燃烧"起来，化为动力，来促使你更上一层楼，那么一定可以实现你的理想。

教授们知道，从学生对于成绩不及格的反应可以推测出他们将来的成就。有一位教授讲过一件这样的事。

几年前，他给了毕业班的一个学生不及格，这件事对那个学生打击很大。因为他早已做好毕业后的各种计划，现在不得不取消,真的很难堪,他只有两条路可走:第一是重修,下年度毕业时才能拿到学位,第二是不要学位,一走了之。

在知道自己不及格时,他非常失望,并找到这位教授要求通融一下。在知道不能更改后,他大发脾气,向教授发泄了一通,这位教授等他平静下来后,对他说:"你说的大部分都很对,确实有许多知名人物几乎不知道这一科的内容,你将来很可能不用这门知识就获得成功,你也可能一辈子都用不到这门课程里的知识,但是你对这门课的态度却对你大有影响。"

"你是什么意思?"这个学生问道。

教授回答说:"我能不能给你一个建议呢?我知道你相当失望,我了解你的感觉,我也不会怪你。但是请你用积极的态度来面对这件事吧。这门课非常非常重要,如果不由衷培养积极的心态,根本做不成任何事情。请你记住这个教训,5年以后就会知道,这是使你收获最大的一个教训。"

后来这个学生又重修了这门功课,而且成绩非常优异。不久,他特地向这位教授致谢,并非常感激那场争论。

"这次不及格真的使我受益无穷。"他说,"看起来可能有点奇怪,我甚至庆幸那次没有通过。因为我经历了挫折,并尝到了成功的滋味。"

我们都可以从挫折中吸取教训,好好利用,就可以对挫折泰然处之。

世界上有无数人,一辈子浑浑噩噩、碌碌无为,他们对自己一直平庸的解释不外是"运气不好""命运坎坷""好运未到"，这些人仍然像小孩那样幼稚与不成熟；他们只想得到别人的同情，简直没有一点主见。由于他们一直不能从挫折中激励自己，吸取教训，才始终发现不到他们变得更伟大、更坚强的机会。

挫折能激发人的意志力，伴随着你的物质和精神的成长。遇到挫折之时正是播撒成功种子的最好季节。面对挫折绝不要低下头，不管挫折有多大，都要再次崛起。坚持奋斗，直到收获成功的回报！

如果做任何事情都一帆风顺，那么，人生还有什么喜悦可言？只有不断地面对挫折，挑战它，战胜它，成功之后的欢乐才更能打动人，这样的人生才更加丰富多彩。

## 挫折是强者的起点

挫折是弱者的绊脚石，却是强者成功的起点。生活中的机遇并非一成不变地向我们走来，它们像脉冲一样有起有伏，有得有失。每当人们坐在一起相互安慰时总是说黑暗过后必有黎明，这才是隐匿在生活中的真谛。一个生命的强者，会把各种挫折和厄运当作另一个起点。

在某个地方有一家很大的农户，其户主被称为耶路撒冷附近最慈善的农夫。每年拉比都会到他家访问，而每次他都毫不吝惜地捐献财物。

这个农夫经营着一块很大的农田。可是有一年,先是受到风暴的袭击,整个果园被破坏了。随后,又遇上一阵传染病,他饲养的牛、羊、马全部死光了。债主们蜂拥而至,把他所有的财产扣押了起来。最后,他只剩下一块小小的土地。

这位农夫的太太却对丈夫说:"我们时常为教师建造学校,维持教堂,为穷人和老人捐献钱,今年拿不出钱来捐献,实在遗憾。"

夫妇俩觉得让拉比们空跑一趟,于心不安,便决定把最后剩下的那块地卖掉一半,捐献给拉比。拉比非常惊讶在这样的状况下,还能收到他们的捐款。

有一天,农夫在剩下的半块土地上犁地,耕牛突然滑倒了,他手忙脚乱地扶起耕牛时,却在牛脚下挖出个宝物。他把宝物卖了之后,又可以和过去一样经营果园农田了。

第二年,拉比们再次来到这里,他们以为这个农夫还和以前一样贫穷,所以又找到这块地上来。附近的人告诉他们:"他已经不住在这里了,前面那所高大的房子,就是他的家。"

拉比们走进大房子,农夫向他们说明了自己在这一年所发生的事,并总结道:只要不惧怕困难,并保持感恩的心,必定会赢得一切的。

这位农夫的经历告诉我们,面对挫折,绝不能害怕、胆怯。去做那些你害怕的事情,害怕自然会消失。狼如果因为遭遇过挫折而胆怯害怕,这个种群就不可能继续生存下去。

人生如行船，有顺风顺水的时候，自然也有逆风大浪的时候。这就要看掌舵的船夫是不是高明了。高明的船夫会巧妙地利用逆风，将逆风也作为行船的动力。人生、事业的发展也一样。如果你能始终以一种积极的心态去对待你人生中可能遇到的"逆风大浪"，并对其加以合理的利用，将被动转化为主动，那么，你就是人生征途上高明的舵手。

所有的人都会有失败的时候，重要的是当你犯了错误的时候，是否会及时承认错误并且想办法去弥补它。不要被失败所困，花点时间找出失败的原因，并从中吸取教训。如果你不能摆脱失败的阴影，那么你将会裹足不前。

一件事情上的失败绝不意味着你的整个人生都是失败的，失败只是暂时的受挫，不要把它当成生死攸关的问题。永远保持积极的心态，你将离成功更近一些。

相传康熙年间，安徽青年王致和赴京应试落第后，决定留在京城，一边继续攻读，一边学做豆腐以谋生。可是，他毕竟是个年轻的读书人，没有做生意的经验，夏季的一天，他所做的豆腐剩下不少，只好用小缸把豆腐切块腌好。但日子一长，他竟忘了有这缸豆腐，等到秋凉时想起来了，但腌豆腐已经变成了"臭豆腐"。王致和十分恼火，正欲把这"臭气熏天"的豆腐扔掉时，转而一想，虽然臭了，但自己总还可以留着吃吧。于是，就忍着臭味吃了起来，然而，奇怪的是，臭豆腐闻起来虽有股臭味，吃起来却非常香。

于是，王致和便拿着自己的臭豆腐去给自己的朋友吃。好说歹说，别人才同意尝一口，没想到，所有人在捂着鼻子尝了以后，都赞不绝口，一致公认此豆腐美味可口。王致和借助这一错误，改行专门做臭豆腐，生意越做越大，而影响也越来越广，最后，连慈禧太后也慕名前来尝一尝美味的臭豆腐，对其大为赞赏。

从此，王致和与他的臭豆腐身价倍增，还被列为御膳菜谱。直到今天，许多外国友人到了北京，都还点名要品尝这所谓"中国一绝"的王致和臭豆腐。

因为腌豆腐变臭这次失败，改变了王致和的一生。所以在人生路上，遇到失败时我们要学会转个弯，把它作为一个积极的转折点，选择新的目标或探求新的方法，把失败作为成功的新起点。

成功者与失败者最大的不同，就在于前者珍惜失败的经验，他们善于从失败中吸取教训，寻找新的方法，反败为胜，获得更大的胜利；后者一旦遭遇失败的打击就坠入痛苦的深渊中不能自拔，每天闷闷不乐，自怨自艾，直至自我毁灭。

学会从失败中获取经验，你就会获得最后的成功。

## 坚韧是一种精神

李书福是国产吉利牌汽车集团的董事长。1997年，当李书福开始造汽车的时候，中国的汽车市场已经被大众、通用、标致、丰田这样的跨国巨头蚕食得一片狼藉，根本没有国产自主品牌的立足之地。但当时李书福不顾亲友反对，决意投资5亿元资金进军汽车行业，并抛出一句"汽车不过就是四个轮子加两张沙发"的疯话，无疑让跨国巨头们贻笑大方。在此之前的1996年，李书福改装两辆奔驰造车的故事在当地更是引起轰动，甚至有人去问他这两台改装车的卖价。

李书福不止一次地对《第一财经日报》表示，他要打造一家百年汽车公司，要让吉利的车走遍全世界，而不是让外国车走遍全中国。为了实现他的造车梦，他还曾到国家各部门游说，当某官员告诉他"民营企业干汽车无异于自杀"时，他豪壮地说，"那你就给我一次跳楼的机会吧"，可见他对自己梦想的执着。以前他把造车自嘲为"自杀"，而今他已经有底气对世人宣告他的光荣与梦想。

世界首富比尔·盖茨认为，巨大的成功靠的不是力量而是韧性。如今社会的竞争常常是持久力的竞争，有恒心有毅力的人往往能够成为笑到最后、笑得最好的人。

英特尔公司总裁格鲁夫说过："只有偏执狂才能生存。"引申开来，"偏执"在某种程度上不就是要执着于某一个方面吗？这句话如今被许多人接受并且传诵，甚至成为他们的座右铭。在这个高速发展的经济时代，正是像李书福这样执着于自己想法并坚持下去的人才能取得巨大的成功，所以青少年要有执着的精神和坚强的毅力，这是我们赢得美好未来的必要条件，若是半途而废,浅尝辄止,那么梦想永远只能是梦想。

美国淘金热时,杰克的叔叔也在西部买到一块矿地。辛苦几周后,他发现了闪闪发光的金矿,但他需要用机器把金矿弄到地面上来。他很镇静地把矿坑掩埋起来,除掉自己的脚印,火速赶回老家,把找到金矿的消息告诉亲戚和邻居。大家凑了一笔钱,买来所需的机器,托人代送。这位叔叔和杰克也动身回到矿区。

第一车金矿挖出来了,送到一处冶金工厂,结果证明他们已经挖到了科罗拉州最富的一个矿源。只要挖出几车金矿,就可以偿还所有债务,然后大赚特赚。

叔叔和杰克高高兴兴地下坑工作,带着无限的希望出坑来。但在这时,发生了他们意想不到的事,金矿的矿脉竟然不见了,黄金没有了。他们继续挖下去,焦急地想要挖出矿脉来,但毫无收获。最后他们放弃了。然而根据一位工程师的计算,只要从杰克和他叔叔停止挖掘的地点再往前挖90厘米,就能找到金矿。

果然,后来有人在工程师所说的那个地方找到了金矿。请工程师的人是一位售货员,他把从矿坑中挖出来的金矿出售,获得了几百万美元。他之所以能够发财,主要是因为他懂得寻找专家协助,而不轻易放弃。

这件事过了很久之后,杰克先生获得了成功,赚进了超过他损失金钱的数倍。这是他在从事推销人寿保险以后取得的。

杰克没有忘记在距离金矿90厘米远的地方停下,而损失了一大笔财富,所以现在他吸取了这个教训。他说:"我在距离金矿90厘米远的地方停下来,如今,在我向人们推销人寿保险的时候,绝不因为对方说'不'就停下来。"

杰克后来成为一位每年推销100万美元以上人寿保险的优秀推销员。他锲而不舍的精神,应归功于挖矿时轻易放弃的教训。

卡勒先生曾经说过:"许多青年人的失败,都应归咎于他们没有恒心。"的确如此,大多数青年,虽然都颇有才情,也都具备成就事业的能力,但他们缺少恒心、缺少耐力,只能做一些平庸安稳的工作,一旦遭遇些微小的困难、阻力,就立刻退缩下来,裹足不前。可见,不屈不挠、百折不回的精神,是获得胜利的基础。

一旦你拥有坚韧的精神和永不言弃的品质,不论在任何地方,你都不难找到一个适当的职位。坚持到底,这是成功的必然之路,唯有坚持,才能有丰收的果实。

换种思维考虑,困难其实就意味着机会,解决问题,你就能够实现成功。如果我们能够看清困难背后的现实意义,抱着执着的心态去面对每一项任务,一步一步地坚持努力,那我们终将克服这些困难,远大的目标也会在这一步一步的努力中最终得以实现。所以,我们青少年要想获得成功,拥有美好的未来,就需要像李书福那样拥有坚韧、执着的精神,才能克服重重困难,挖到我们想要的金矿。

## 坚定信念，坚忍不拔

由无坚不摧的持久心而做成的事业是神奇的。当一切力量都已逃避了、一切才智宣告失败时，持久心却依然坚守阵地。依靠忍耐力、依靠持久心终能克服许多困难。

伯纳德·帕里希在18岁时离开故乡，去追求自己的事业。按他自己的说法，那时候他"一本书也没有，只有天空和土地为伴，因为它们对谁都不会拒绝"。当时他只是一个不起眼的玻璃画师，然而，满腔的艺术热情促使他勇往直前。

一次，他被精美的意大利杯子完全迷住了，他过去的生活就这样完全被打乱了。此后，他经年累月地把自己的全部精力都投入到对瓷釉各种成分的研究中。因为从这时候起，他内心完全被另一种激情占据了——他决心要发现瓷釉的奥秘，看看它为什么能赋予杯子那样的光泽。

为了改进自己的试验，帕里希亲自动手用砖头建了一个玻璃炉。终于，到了决定试验成败的时候了，他连续高温加热了6天。可出乎意料的是，瓷釉并没有熔化，但他已经一文不名了。他只好通过向别人借贷来买陶罐和木材，并且想方设法找到了更好的助熔剂。准备就绪之后，他又重新生火，然而，直到燃料耗光也没有任何结果。他跑到花园里，把篱笆上的木栅栏拆下来充当柴火，但依然不能奏效；然后是他的家具，但仍然没有起作用。最后，他把餐具室的架子都一并砍碎，扔进火里，奇迹终于发生了：熊熊的火焰一下子把瓷釉熔化了。

秘密终于被揭开了。事实再次证明了这一点：锲而不舍，金石可镂。勤快的人能笑到最后，耐跑的马才会脱颖而出。滴水穿石，绳锯木断。如果三心二意，哪怕是天才，终有疲怠厌倦之时；只有仰仗持久心，点滴积累，才能看到成功之日。

对于暂时的困难、短暂的痛苦，一般人是能够忍受的，但当希望较小而痛苦又旷日持久时，就唯有拥有持久心态者才能坚持。卡耐基指出："世界上大部分的重大事情，都是由那些在似乎一点希望也没有时，仍继续努力的人们所完成的。"在行动的最后阶段，更是对意志的考验，俗话说："行百里者半九十。"因为越到最后越觉得精疲力竭，只有拥有相当的持久心，才能一以贯之。

一个慈祥、和蔼、诚恳和乐观的人，再加上富有持久心的卓越品质，实在是非常幸运的，没有什么比竭尽全力、坚定意志去完成自己既定目标的人，更能获得他人的钦佩和敬仰。而那些意志不坚定，缺乏持久心的人，往往就要为别人所轻视，最终逃脱不了失败的命运。著名的作家芬妮·赫斯特的奋斗史就是一部信念的历程史。

芬妮·赫斯特1915年底带着成为一位名作家的梦想来到了纽约，但纽约给她的第一份礼物就是失败。她邮出去的文章都被退回。但她没有放弃，仍怀着梦想不停地写作，走遍了纽约的大街小巷，奔波于各个杂志社、出版社之间。当希望还是很渺茫的时候，她没有说："我放弃，算你赢了。"而是说："很好，纽约，你可能打倒了不少人，但是，绝不会是我，我会逼你放弃。"

她没有像别人那样，碰到一次退稿就放弃了，因为她决心要赢。4年之后，她终于有一篇故事刊登在周六的晚报上，之前该报已经退了她36次稿。

随后，她得到的回报更是一发而不可收。出版商开始络绎不绝地出入她的大门。再后来是拍电影的人也发现了她。

事实上，很多人在失败后不是没有尝试过通过其他手段继续努力，他们也采取过行动，也有过辉煌的奋斗史。他们没有成功的原因之一就是他们让自己的奋斗永远成为历史了。他们轻言放弃。他们一切辉煌的过去，都因为放弃而黯然失色。他们正干得轰轰烈烈、红红火火的时候，突然发生了一个变故，使其遭受了损失和挫折。大多数未成功者都是在这个时候很轻易地就放弃了。于是奋斗者的行列中再也找不到他们的身影，他们的豪迈和自豪永远地成为了历史。他们没有成功可以炫耀，只能去炫耀历史。

我们不妨分析一下成功者，我们会发现他们走过的道路，都与失败顽强地抗争过；当挫折降临的时候，他们都坚定地说一句"还要干，绝不放弃"，都是以铮铮铁骨挺了过来。

成功只属于坚忍不拔并为之付出汗水的人。因为成功者大多会以这种精神来创造未来。也许你身处劣势，但如果你坚持不懈，黄土也会变成金子，沙漠也会变成绿洲。

## 认定了就风雨兼程

大家都听过精卫填海的故事吧？直到今天，你如果到了东海边，还会看见一种脑袋上带着花、白嘴红爪的小鸟在海上飞来飞去，那就是精卫。一只小小的鸟，抱定了要填海挽救众生的性命，于是它风雨兼程，即使刮风下雨它也不放弃，这种精神，在现在的生活、学习中更需要。

1932年，男孩读初中二年级。因为是黑人，他只能到芝加哥读中学，家里没有那么多钱。那时，母亲做出了一个惊人的决定——让男孩复读一年。她则为50名工人洗衣、熨衣和做饭，为孩子攒钱上学。

1933年夏天，家里凑足了那笔血汗钱，母亲带着男孩踏上火车，奔向陌生的芝加哥。在芝加哥，母亲靠当佣人谋生。男孩以优异的成绩中学毕业，后来又顺利地读完大学。1942年，他开始创办一份杂志，但最后一道障碍，是缺少500美元的邮费，不能给订户发函。一家信贷公司愿借贷，但有个条件，得有一笔财产作抵押。母亲曾分期付款好长时间买了一批新家具，这是她一生最心爱的东西。但她最后还是同意将家具作了抵押。

1943年，那份杂志获得巨大成功。男孩终于能做自己梦想多年的事了：将母亲列入他的工资花名册，并告诉她算是退休工人，再不用工作了。那天，母亲哭了，男孩也哭了。

后来，在一段反常的日子里，男孩经营的一切仿佛都坠入谷底。面对巨大的困难和障碍，男孩已无力回天。他心情忧郁地告诉母亲："妈妈，看来这次我真要失败了。"

"儿子，"她说，"你努力试过了吗？"

"试过。"

"非常努力吗？"

"是的。"

"很好。"母亲果断地结束了谈话，"无论何时，只要你努力尝试，就不会失败。"

果然，男孩渡过了难关，攀上了事业新的巅峰。这个男孩就是享誉世界的美国《黑人文摘》杂志创始人、约翰森出版公司总裁、拥有三家无线电台的约翰·H.约翰森。

约翰森的经历告诉我们：命运全在搏击，奋斗就是希望。认定了就要风雨兼程。同样，坚定的信念在困难的时刻更能突显神奇的力量，助你披荆斩棘，斩断生命中的阴霾，重获新生。

14世纪，苏格兰在与英格兰军队的战斗中，连续六次都失败了。国王布鲁斯不得不率领部下躲进了森林和群山深处。森林里的生活是十分艰苦的，这里没有粮食，没有药品，士气低落到了极点。

一个阴郁的雨天，布鲁斯躺在深山中的一间简陋的茅屋里，听着棚顶上淅淅沥沥的下雨声，他感到疲惫无力，心烦意乱。他一遍又一遍地问自己，难道就这样向英格兰人认输吗？

正当他万念俱灰的时候,猛一抬头,他看见一只蜘蛛在他头顶的屋角上正忙着来回织网。布鲁斯注视着这只蜘蛛慢慢地、小心翼翼地劳作着。眼见这只蜘蛛连续六次试图把那纤细的蛛丝从这一道横梁连到另一道横梁上去,结果六次都失败了。

"哎,可怜的小东西!"布鲁斯暗自叹息道,"你也知道失败是什么滋味了吧。"

但是,眼前的这只小蜘蛛并没有像布鲁斯那样灰心丧气,只见它更加小心谨慎地开始做第七次努力,在柔弱的细丝上摆动着身体,最终把蛛丝稳妥地带到了另一道横梁上,而且牢牢地粘在那儿了。

"啊!成功了!它成功了!"布鲁斯兴奋得从地上跳了起来,"蜘蛛是我的榜样!我要学蜘蛛!我也要做第七次尝试!"他边喊边冲出了茅屋,迅速地把垂头丧气的战士们召集起来。

"我的勇士们!快,快围过来!我要告诉你们一件事,这是一只蜘蛛带给我的启示。我知道,如果第七次又失败了,这只蜘蛛也还是会继续努力的。我看不出它有任何沮丧和灰心,只是不屈不挠地朝着自己的目标奋斗。难道我们还不如这只小小的动物吗?不!我们要同敌人进行第七次、第八次、第九次乃至无数次的斗争,直至把英格兰军队赶出我们的国家为止。我相信,只要我们坚持斗争,胜利是一定会属于我们的。"

布鲁斯的一番话深深地打动了战士们,他们决心紧跟国王,重整旗鼓。布鲁斯又组成了一支勇敢的苏格兰军队,决心再同敌人进行第七次战斗。

1322年,战斗又打响了。

就这样,苏格兰人凭借坚忍的毅力,终于战胜了强大的英格兰军队,把侵略者赶出了苏格兰。

拿破仑曾经说过:"我们应当努力奋斗,有所作为。这样我们就可以说,我们没有虚度年华,并有可能在时间的沙滩上留下我们的足迹。"青少年有的是时间,有的是青春,不要因一次的挫折就把自己彻底否定,只要你重新站起来,努力再努力,你就可以拥有成功。

## 学会从失去中获得,不要放弃人生的希望

在人的一生中,许多事都不是自己所能够把握的,我们不要苛求自己能做到完美。在生命中,每时每刻都会有所失,在这个时候,我们必须学会多从失去中获取。

有个叫阿巴格的人生活在内蒙古草原上。有一次,年少的阿巴格和他爸爸在草原上迷了路,阿巴格又累又怕,到最后快走不动了,爸爸就从兜里掏出5枚硬币,把一枚硬币埋在草地里,把其余4枚放在阿巴格的手上,说:"人生有5枚金币,童年、少年、青年、中年、老年各有一枚,你现在才用了一枚,就是埋在草地里的那一枚,你不能把5枚都扔在草原里,你要一点点地用,每

一次都用出不同来。当你失去一枚金币,你就要有所得。这样才不枉人生一世。今天我们一定要走出草原,你将来也一定要走出草原。世界很大,人活着,就要多走些地方,多看看,不要让你的金币没有用就扔掉。"在父亲的鼓励下,那天阿巴格走出了草原。长大后,阿巴格离开了家乡,成了一名优秀的船长。

一位旅客去三峡旅游,站在船尾观赏两岸景色时,不小心将手提包掉落在江中,包中有不少钞票,他不假思索地跃身投水捞包,虽然包抓到手中,可人再也没有出来。这位旅客如果学会习惯失去,就不至于连生命也赔进去。

人赤条条地来到这个世界,又手握空拳地离去。人的一生不可能永久地拥有什么,一个人获得生命后,先是童年,接着是青年、壮年、老年。然而这一切又都在不断地失去,在你得到一些东西的同时,其实你也在失去另一些东西。所以说人生的获得本身就是一种失去。

人生在世,有得有失,有盈有亏。有人说得好,你得到了名人的声誉或高贵的权力,同时,就失去了做普通人的自由;你得到了巨额财产,同时就失去了淡泊清贫的欢愉;你得到了事业成功的满足,同时也失去了眼前奋斗的目标。我们每个人如果认真地思考一下自己的得与失,就会发现,在得到的过程中也确实不同程度地经历了失去。整个人生就是一个不断地得而复失的过程。一个不懂得什么时候该失去什么的人,就是愚蠢可悲的人。

要知道失去是不可避免的,但你一定要学会从失去中获取,懂得从失去中获取的人，不论生活中出现什么样的恶劣状况，他都能从容应对，他的生命一定会更充实。同样，苦难能毁掉弱者，同样也能造就强者。因此，要相信自己，在任何时候都不要放弃希望。

罗勃特·史蒂文森说过："不论担子有多重，每个人都能支持到夜晚的来临；不论工作多么辛苦，每个人都能做完一天的工作，每个人都能很甜美、很有耐心、很可爱、很纯洁地活到太阳下山，这就是生命的真谛。"确实如此，唯有流着眼泪吞咽面包的人才能理解人生的真谛。因为苦难是孕育智慧的摇篮，它不仅能磨炼人的意志，而且能净化人的灵魂。如果没有那些坎坷和挫折，人绝不会有这么丰富的内心世界。苦难能毁掉弱者，同样也能造就强者。

城市被围，情况危急。守城的将军派一名士兵去河对岸的另一座城市求援，假如救兵在明天中午赶不回来，这座城市就将沦陷。

整整两个时辰过去了，这名士兵才来到河边的渡口。

平时渡口这里会有几只木船摆渡，但是由于兵荒马乱，船夫全都避难去了。

本来他是可以游泳过去的，但是现在数九寒天，河水太冷，河面太宽，而敌人的追兵随时可能出现。

他的头发都快愁白了，假如过不了河，不仅自己会当俘虏，整个城市也会落在敌人手里。万般无奈，他只得在河边静静地等待。

这是一生中最难熬的一夜,他觉得自己都快要冻死了。

他真是四面楚歌、走投无路了。自己不是冻死,就是饿死,要么就是落在敌人手里被杀死。更糟的是,到了夜里,起了北风,后来又下起了鹅毛大雪。他冻得缩成一团,甚至连抱怨自己命苦的力气都没有了。

此时,他的心里只有一个念头:活下来!

他暗暗祈求:上天啊,求你再让我活一分钟,求你让我再活一分钟!也许他的祈求真的感动了上天,当他气息奄奄的时候,他看到东方渐渐发亮。等天亮时他惊奇地发现,那条阻挡他前进的大河上面已经结了一层厚厚的冰壳。他往河面上试着走了几步,发现冰冻得非常结实,他完全可以从上面走过去。他欣喜若狂,牵着马从上面轻松地走过了河面。

有些人一遇挫折就灰心丧气、意志消沉,这是弱者的表现,可以说生比死更需要勇气。死只需要一时的勇气,生则需要一世的勇气。每个人的一生中都可能有消沉的时候,居里夫人曾两次想过自杀,奥斯特洛夫斯基也曾用手枪对准过自己的脑袋,但他们最终都以顽强的意志面对生活,并获得了巨大的成功。可见,一时的消沉并不可怕,可怕的是在消沉中不能自拔。做一个生命的强者,就要在任何时候都不放弃希望。

# 第八章

## 霸道孩子没人爱，学会分享才能快乐成长

## 独占不意味着拥有,让孩子学会与人分享

分享是一种美德,更是一种快乐。萧伯纳曾经说过:"你有一个苹果,我有一个苹果,彼此交换,每个人只有一个苹果。你有一种思想,我有一种思想,彼此交换,每个人就有了两种思想。"分享能够让人减少痛苦,获得快乐。一个人在生活中需要与人分享自己的痛苦和快乐,没有分享,他的人生就是一种惩罚。

现在的孩子以自我为中心的现象,已经成为困扰广大老师和家长的一个严重问题,而孩子的这种自我中心的心理根源于父母的私爱和溺爱。为了不让孩子的爱心枯竭、泯灭,父母不仅要爱孩子,更重要的是要让孩子学会爱。如果父母只是一味地给予孩子爱,对孩子是没有好处的。"溺爱是父母与孩子关系上最可悲的事,用这种爱培养出来的孩子是不会把心灵献一点儿给别人。"这是一位教育家的经验之谈。所以,父母在爱孩子的时候,应该教孩子学会与人分享。

与别人分享好吃好玩的东西,对别人说一些关心体贴的话,同情并帮助有困难的人,不计较别人的过错,对别人能够宽容和谦让,孩子的爱心就是通过这样一次次的行为模仿和强化而逐渐

形成的。

那么，怎样才能让孩子养成与别人分享的好习惯呢？

### 1. 让孩子尝到分享带来的乐趣

一般来说，以自我为中心的孩子会有以下三个特点：

（1）自私、故步自封。只看到自己而看不到别人的孩子是不会有什么进步可言的。

（2）缺乏自信。虽然有的孩子表现出娇纵的人格特征，但是就其本质而言，仍然是一种缺乏自信心的表现。

（3）社会性差，不合群。

自我中心作为一种人格特征，它所产生的消极作用和负面影响的第一要素就是自私。这就直接导致了那些以自我为中心的孩子在和外界的交往中会排斥"异己"、拒绝开放、忽视理性力量、回避真诚、吝啬付出、难以与他人合作、缺乏公心（为他人、为集体考虑）。所以，这就需要父母们用一些巧妙的计策把其自私的外壳击碎，让孩子能够拥有一份懂得分享的智慧。父母可以从家庭中的活动做起，父母要与孩子一同参与、共同分享，让孩子尝到分享带来的乐趣。

### 2. 通过移情引导孩子与他人分享

当孩子还只有几个月大的时候，父母就要让孩子学着与别人分享东西。孩子渐渐长大了，在餐桌上，要让他学着给长辈夹菜；鼓励孩子给爸爸妈妈拿东西；教孩子给客人让座，让孩子做这些力所能及的事，这些都会让他们从中品尝到做了有益于他人的事而给他们带来的喜悦。

### 3. 父母要学会分享孩子的东西

实际上，在这里所说的"分享"有两层意思：既要教孩子学会分享，还要父母学会分享——而这一点却往往会被父母们所忽视。

很多父母宁可自己受苦也不愿让孩子吃苦，把那些好吃的、好玩的、好用的全都放在孩子的面前。虽然他们在思想上也会担心孩子会成为一个不知道关心别人的冷血儿，但在行为上却不会与孩子分享。在一个家庭中，经常会发生这样的一幕：一个孩子诚心诚意请父母一块吃东西，父母却坚决推辞说："你吃，妈妈不吃"，或者"爸爸不喜欢吃油炸的东西，也不喜欢吃甜的东西"。就这样，孩子与人分享的好意被父母给扼杀了。慢慢，孩子也就养成了吃独食的习惯，那些谦让与分享的习惯也让他们丢到九霄云外去了。

### 4. 用交换的方法让孩子学会分享

许多孩子在公共场合里玩耍的时候，总是希望自己能够独自占有所有的东西。事实上，孩子的这种行为和想法都是不好的。但是，如果父母一味地批评孩子，则反而会产生负面作用。遇到这种情况，父母应该鼓励孩子与其他的孩子交换自己的一些玩具或是图书。让孩子学会把东西借给别人，再向别人借东西，通过交换东西而逐渐让孩子学会和人分享。

### 5. 允许孩子有自己的宝贝

其实每个人都会有不愿意与别人分享的宝贝，孩子也一样。

有些东西可能是孩子特别喜欢的，也可能是孩子认为某些重要的人送给他的礼物，这些对孩子来说有着特殊的意义。总之，父母在提倡孩子与人分享的同时也要允许孩子有不和人分享的宝贝，而且要让孩子懂得珍惜自己的宝贝。当其他的孩子来家里玩的时候，父母可以允许孩子把他认为重要的宝贝"藏"起来，不让其他人分享。但是，对于大多数的东西，父母应该要求孩子与人分享。

只有孩子藏好了自己的宝贝，他才会大方地把其他东西借给别人，才会更好地和别人分享。如果父母强迫孩子把所有的东西都与人分享，这不但不合理，反而会激发孩子的逆反心理，让孩子做出相反的行为。

教孩子学会分享，可以提高其社会认知能力，从而增强社会适应性；学会分享，可以让孩子懂得在"资源共享"中获得"可持续性发展"；学会分享，可以让孩子重获脚踏实地的自信、勇于自主的独立性。所以，让你的孩子从自私的堡垒中冲出来吧，分享的天空下可以让他们自由的飞翔。

## 孩子不善解人意怎么办

有这样一个故事：
有两个小和尚为了一件小事吵得不可开交，谁也不肯让谁。第一个小和尚怒气冲冲地去找师父评理，师父在静心听完他的话之后，郑重其事地对他说："你是对的！"于是第一个小和尚得意扬扬跑回去宣扬。

第二个小和尚不服气，也来找师父评理，师父在听完他的叙述之后，也郑重其事地对他说："你是对的！"

待第二个小和尚满心欢喜地离开后，一直跟在师父身边的第三个小和尚终于忍不住了，他不解地向师父问道："师父您平时不是教我们要诚实，不可说违背良心的谎话吗？可是您刚才却对两位师兄说他们都是对的，这岂不是违背了您平日的教导吗？"

师父听完之后，不但一点也不生气，反而微笑地对他说："你是对的！"第三个小和尚这才恍然大悟，立刻拜谢师父的教诲。

其实从每个人的立场来看，他们可能都是对的，只不过每个人都坚持自己的想法或意见，无法将心比心地站在别人的立场去考虑另外的角度，也就无法设身处地地去为他人着想，冲突与争执也就不可避免地产生了。如果人人都有一颗善解人意的心，凡事都以"你是对的"来先为别人考虑，那么很多不必要的冲突与争执就可以避免了。

现在的孩子生活幸福，丰衣足食，这一切都是父母提供的，但孩子会理解父母所做的一切吗？有的孩子不管大人忙不忙，非要大人陪着玩；有的孩子想要的东西要是得不到，就会闹个没完；有的孩子总认为自己是对的，大人跟他讲道理根本没有用……

孩子在1～3岁的时候初步具备了认识周围事物的能力，其意识和行为的控制能力和分析能力也大为提高，并在大人的影响和教育下开始学说话，因此此时正是教育孩子的最佳时期。能否抓住小孩这一年龄特性，有意识地培养其善解人意的性格尤为重要。

教孩子学会善解人意，要从平凡的小事着手。

妞妞每天都会因为妈妈上班而哭鼻子，只要看到妈妈背包出门，就抱着妈妈不让走。

一天，妈妈急着上班，却又被妞妞发现了，妞妞哭闹："不让妈妈走！不让妈妈走！"妈妈拿起一个洋娃娃递到她手里，对她说："妈妈一会儿就回来了，你先喂饱这个娃娃好不好？她还没吃饭呢！"妞妞根本听不进去："不！不！我不要妈妈走！"接过洋娃娃，将洋娃娃摔在了地上。"再不走，妈妈就要迟到了，快找奶奶去。"趁奶奶过来抱妞妞时，妈妈赶紧出了门。

每天如此，妈妈多么希望妞妞能对她说"妈妈，你去上班吧，我跟奶奶玩"，可什么时候才能实现呢？这很让妈妈头疼。

据专家分析，孩子大都会出现一个特别依恋亲人的阶段，并表现得非常任性霸道。

孩子在1岁前由于缺乏"客体永久性"概念，会误以为事物消失了就是不存在了，看到父母离开就以为再也见不到了，因此表现出非常焦虑。此外，受"自我中心"心理的影响，学龄前孩子往往倾向于从自己的需要和立场考虑问题，常体会不到他人的需要，往往表现得非常任性。

其实，孩子的任性、不通情达理和家长的抚养方式也有很大的关系。过分娇惯、迁就孩子，往往会强化幼儿的利己心理，从而难以形成理解他人、为他人着想的性格。

心理学家把善解人意分解为三个方面：有理解别人的愿望；有理解别人的能力；做出良性反应。

善解人意作为一种优良的心理素质，在协调社会人际关系和家庭生活中起着举足轻重的作用。

父母培养孩子善解人意可从以下几个方面入手：

### 1. 正确对待孩子的任性

学龄前的孩子，往往表现得"自私""任性"和"不讲理"。因此，任性心理作为孩子心理发展的一个必经阶段，父母应给予充分地尊重和理解。如三岁的孩子非要有和别的小朋友一样的玩具、离开妈妈会哭闹，都是由孩子心理发展中的"自我中心"和"依恋"心理所决定的。因此，父母在此阶段不应简单地否定、批评孩子。

### 2. 帮孩子建立理解别人的愿望

要让孩子懂得，人与人之间需要互相理解、关心和体贴。在给孩子付出爱的同时，也要让他们知道别人也同样需要他的爱。这样做才能激发孩子了解别人的愿望。

### 3. 引导孩子分析事理

体态语与环境信息、话语三者结合能显出某种含义。生活中常注意教给孩子一些这方面的知识，可以使孩子学会审时度势，避免激发不必要的矛盾，以保持家庭生活的和谐。

父母可借助生活中的点点滴滴让孩子明白，每个大人都有自己非常重要的事情需要去完成，当这些事情和孩子的需要有冲突时，孩子应当学会谅解。

孩子经常会提出一些在大人看来不合情理的要求，如果孩子的要求是合理的，父母应履行职责，满足孩子的需要。如果孩子提出的要求不太合理，父母可暂时采取"冷处理"，大多数孩子最终会放弃要求。

### 4. 教孩子学会宽慰体贴别人

人都有遇到困难、烦恼的时候，都需要得到别人的体谅和帮助。有位诗人说过：能同情人的人，是伟大的人；能宽慰别人的心，是崇高的心。让我们的孩子学会善解人意，让他们在平凡处显出崇高，让他们的生活变得更有意义。

### 5. 敢对孩子说"不"

有的父母认为孩子太小不懂事，对孩子的要求总是百依百顺，从来不愿说"不"，甚至经常会在孩子的哭闹之下，放弃自己的立场，结果更加助长了孩子的任性。

因此，父母在拒绝孩子要求的时候，应耐心告诉孩子自己的想法，并让他理解，"爸爸妈妈很不喜欢宝宝用哭闹的方式解决问题"，使孩子逐渐学会讲道理。

孩子的健康成长，需要家长的特别关注。父母要做一个有心人，时刻细心观察孩子的喜怒哀乐、言行举止，再适时与孩子交流，由表及里地了解与掌握孩子的心理活动及他对周围发生事情的反应,耐心引导孩子从多角度读懂自己身边的每一个人:家人、老师、同学和朋友,从而建立起正确的是非观念,使孩子逐渐学会理解他人、体谅别人,感激曾伴随自己成长的所有人。

孩子学会了善解人意,在与人交往中就会减少摩擦,消除怨恨,彼此加深了解,增进友谊;孩子学会了善解人意,就会善待他人,与人和谐相处,广交朋友,从而为将来事业的发展奠定坚实的基础。

## 点燃孩子乐于助人的热情

同情就是对他人的不幸或痛苦产生怜悯之心,并能够理解他人感情的一种情感。乐于助人是孩子的天性,孩子在很小的时候就能表现出同情心。

例如,当孩子还是婴儿的时候,他看到或听到别的婴儿啼哭,自己也会哭。稍大一点,他会为小朋友的疼痛而感到痛苦,试图和爸爸妈妈一起去帮助他人。

3岁左右的孩子就能找到自己帮助别人的方式。比如:安安看到贝贝哭,把自己的玩具塞到贝贝手里;贝贝毫无反应,安安像小大人一样哄他:"我给你糖吃,你别哭了;要不我给你讲小熊维尼的故事好吗?"

这个时候,父母就应及时鼓励孩子这种热心助人的行为。安安的妈妈是这样做的,她抚摸着小安安的头说:"你能主动帮助小朋友,还能想出不同方法,这特别好,妈妈高兴极了!"妈妈还和小安安共同商量更多的方法,帮助贝贝尽快从伤心的情绪中走出来。

随着孩子一天天长大,父母可为孩子设置一些情境,让孩子帮助比他更小的或需要帮助的孩子。比如帮小弟弟或小妹妹穿鞋穿衣服、扶起摔倒的小伙伴,给他拍掉身上的土,吹吹摔红的手,说:"没事的,过一会就好了。" 在热心帮助别人的过程中,孩子能和周围的人逐渐建立起牢固的友谊。

但是,父母也不要忽视这一点,那就是,热心助人的前提是,孩子必须奉献自己的力量,甚至牺牲自己现有的东西,才能去帮助别人,给他人以温暖和方便。人是自私的个体,没有人能够做到真正百分之百的只要付出,不要回报、不要收获。也许其中的收获只是扬名、感激,或者其他的什么,但终究是要被肯定的,否则,人心是会不平衡的。孩子更是如此。

你在公车上给人让座,假如对方理都不理你就一屁股坐下了,连个"谢"字你也没有听到,你心里会是什么滋味?还能有那种热心的喜悦和宽容吗?假如每次都是这样,你还会给别人让座吗?同样的道理,不管是大热心小热心,如果始终没有人肯定,坚持一天两天容易,要长期保持一样的热情可就难了。

为了不使孩子的"热心"变"凉",父母一定要及时对孩子的行为表示肯定,使热心成为孩子的一种性格特质。记住,向孩子灌输热心助人的价值观永远都不会太晚。

下面是一些培养孩子热心助人的小窍门,供家长朋友们参考:

### 1. 培养孩子助人的热情

热情是发自内心的,是一种深存于人内心的乐观向上的精神状态。一个人只有满怀热情,才能对周围的事物充满关切,才会主动、热心地去帮助别人。要培养孩子助人的热情并不困难,或许孩子帮助别人之后,爸爸妈妈一个亲切的目光,几句鼓励的话语,就会使孩子明亮的双眼里放射出热情的光芒。

### 2. 给孩子树立热心助人的榜样

有些父母坚信爱孩子、教育孩子、鼓励孩子的作用,他们的孩子也总是乐于助人,更富有同情心,更会为别人着想。这很可能反映出孩子与父母间的牢固联系,同时也是父母良苦用心的结果。毫无疑问,这同样反映出孩子效仿了父母的行为,要是孩子情绪好,他是极有可能帮助别人的,所以应该努力让他保持那种状态。

要培养乐于助人的孩子,最重要的就是:如果你希望孩子表现得大度、体贴、肯帮忙,你就必须以身作则,示范给孩子们看;要是你言行不一,孩子只会模仿你的行为——即使你把原则和指令讲得头头是道,也没有用。

### 3. 让孩子相信自己有能力帮助别人

有些孩子在同伴需要帮助时,表现迟疑或冷漠。其实,他本身是愿意去帮助的,只是他缺乏自信,不相信自己能对别人有用,不相信自己能帮助别人。父母要经常寻找机会，让孩子学习自己的事情自己做，并帮父母做事；父母则及时给以赞扬和鼓励，让孩子感到自己有能力帮助别人，从而产生助人的行为动机。

### 4. 告诉孩子为什么要热心助人

有些父母会对孩子说："要是你打米米，会弄痛他的。"然后他们不但解释这类行为的后果，还爱憎分明的指出"你不可以打人"这条原则。他们培养的孩子大多具有同情心，更喜欢帮助别人。有许多研究表明，对孩子阐明慷慨助人的理由，尤其是强调说明他人的感受时，最能帮助孩子养成友善、体贴的行为方式。

所有的父母都花大量的时间告诫孩子别去做什么，其实更重要的是告诉他们有些事为什么不应该做——特别是当行为的结论会影响别人的时候。制定一些积极的规则也很重要，你应当重复阐明这些规则，尽管有时令人觉得可笑，比如"帮助那些没我们幸运的人总是好的"。

### 5. 让孩子注意到别人的需要

当同伴处于困境中时，有些孩子能很快察觉到，并伸出援手；而有些孩子却毫无反应，该干什么还干什么。对这样的孩子，父母要经常直接用语言表达自己的需要，描述需要的帮助，并教孩子懂得如何从别人的表情、行为中看出对方的需要。让孩子学会关心他人。

### 6. 帮助孩子及时做出助人的决定

据研究，情感的力量有助于孩子做出助人的决定。对五岁以下的孩子，父母可以引导他们回忆自己经历过的类似情景和感受，如"以前你系不上扣子的时候，是不是也挺着急的""上次你摔了跟头，也这么哭来着"，对六岁以上的孩子，父母还可以设置情景，让他们设身处地地想想，使孩子对需要帮助者产生同情，进而做出助人的决定，"要是小朋友都不跟你玩了，你会怎么想"等。

### 7. 引导孩子做出恰当的助人行动

有时孩子没有去帮助别人，并不是他不想帮助，而是心有余而力不足。这个"力"就是个人能力，如助人的特定技能（想帮小朋友系扣子，自己就要会系扣子）、有效的策略知识（如妈妈突发重病，知道可以求邻居帮助）、人际间问题的解决能力（妈妈生病要求助邻居时，知道怎样向邻居把事情说清楚）等。

### 8. 温和地强制孩子热心助人

完全没有纪律约束对培养孩子是有害的。原因之一就是：略带专制的家长式作风能令孩子成长、发展得更好。大体上说，孩子对于规矩和行为标准喜欢有明确的指示，这也是培养高度自尊和令孩子受欢迎的方法。

让孩子在社区或是校园里做点有益的事情，比如照料小动物，给不幸的孩子制作玩具，或者教小弟弟、小妹妹们做游戏，这些都可以培养大多数孩子乐于助人的品质。当然，不是所有的孩子都能自发做这些事，必须有人教他们，鼓励他们，甚至有时要强迫他们，但只能是温和的强制，否则会适得其反。

当然，这些能力，需要父母在日常生活中一点一滴地教给孩子。培养出一个热心助人的孩子，这个世界就会多一分温暖和关爱。

## 帮孩子拔除嫉妒的毒瘤

嫉妒是孩子成长过程中一个无法回避的话题。孩子的嫉妒，不仅在家有，在学校也有。因为性别的原因，父亲在矫正孩子的这种弱点上面，有更多的责任。教会孩子宽容和珍惜友谊，是使其终身受益的事情。

要纠正孩子的嫉妒心理，父母先要分析嫉妒产生的原因。孩子嫉妒心理的产生是与其最关心的事物相联系的，孩子们之间的嫉妒常常反映在以下几个方面：

### 1. 因别人受表扬而嫉妒

别人受了表扬，有的孩子暗中不服气，有的公开挑人家的缺点，也有的故意表现出无所谓的态度。其实，他们的心理反应是："有什么了不起，我也做得来。"

### 2. 因别人学习好而嫉妒

学习是孩子们的主要任务，学习成绩是评价孩子的重要指标。因此，有的孩子学习不如别人就嫉妒别人。有一个班级曾经发生这样的怪事：在期中考试前一个星期，班上成绩最好的几个同学的笔记本不翼而飞，这几个同学着急的程度可想而知。考试之后，笔记本又回到了那几位同学的课桌里。显然，这不是一般的恶作剧，是某个同学出于嫉妒心理，采用了不道德的手段。

### 3. 因亲疏关系而嫉妒

有的孩子因为不被重视，而嫉妒受老师重视的同学，并且常常迁怒于老师，背后议论老师，甚至对班上的某些事情采取消极的态度。

同学之间的亲疏变化，也常引起嫉妒心理的产生。有些孩子因嫉妒别的同学之间关系好，而从中挑拨，甚至诽谤。

### 4. 因物质方面不如别人而嫉妒

孩子们普遍希望有漂亮衣服、名牌衣服、好的文具、好的玩具等，由于家庭条件不同，父母教育方法不同，总会产生有这个没那个的现象，这是正常的。但是，一些孩子会因此而产生嫉妒心理。当别人的东西脏了、坏了时，甚至幸灾乐祸。

嫉妒是一种消极的社会现象，它是对别人在品德、能力等方面胜过自己而产生的一种不满和怨恨，是一种被扭曲了的情感；它对个人、集体和社会起着耗损作用，是一种对团结友爱非常不利的情感。这种缺点如果保留到长大以后，那么孩子就很难协调与他人的关系，很难在生活中心情舒畅，因为嫉妒心理强的人，别人的成功和他自己的失败，都会给他带来痛苦，平添不少烦恼。

孩子的嫉妒心虽是儿童心理发展中的自然现象，但父母也不能听之任之，父母应及时加以疏导，以免孩子形成不良性格。如脾气古怪、多疑、粗暴自卑、执拗或自暴自弃等，这是对孩子十分不利的。

因此父母平时要关心孩子与人相处时的各种表现，一旦发现孩子有嫉妒心的毒苗，就要帮助孩子正确地对待，及时疏导。

要纠正孩子的嫉妒心理，父母可以从以下几个方面着手：

### 1. 建立良好的环境

嫉妒心理和行为的产生，虽有多种原因，但从根本上讲，是孩子内部的消极因素和外部环境的消极因素相互影响、相互作用而产生的。父母应当在家庭中为孩子建立一种团结友爱、互相尊重、谦逊礼让的环境气氛，这是预防和纠正孩子嫉妒心理的重要基础。

### 2. 耐心倾听，让孩子合理宣泄

孩子的嫉妒是直观、真实而自然的，它只是孩子们对自己愿望不能实现而产生的一种本能的心理反应。因此，父母不要盲目对孩子的嫉妒心理和行为进行批评，要耐心倾听孩子们的苦恼，理解他们无法实现自己愿望所产生的痛苦情绪，使孩子因嫉妒产生的不良情感能够得到宣泄，并把握孩子嫉妒的成因。

### 3. 让孩子正确地评价自己和别人

孩子都喜欢受到表扬和鼓励。表扬得当，可以巩固其优点，增加他的自信，促进他不断进步；如果表扬不当或表扬过度，就会使孩子骄傲，进而看不起别人，认为只有自己好，别人都不如自己，甚至当有人说别人好，没说他好，他就难以接受。

这是因为孩子年龄小，自我意识刚开始萌芽，他还不会全面地看问题，不能正确地评价自己和别人。他对自己的评价是以成人对他的评价为标准的，所以父母要正确评价自己的孩子，不能因疼爱和喜欢，就过高评价孩子的品德、能力，以免孩子对自己产生不正确的印象。

父母还要适当地指出孩子的长处和短处，使孩子明白人人都有长处和短处，小朋友之间要互相学习。父母可以教育孩子经常反问自己："我现在各方面表现如何？有什么优点？有什么缺点？跟上个月比较哪些方面有进步？哪些方面有退步？我该怎么办？我有决心再上一个新的台阶吗？我是否应该听取爸爸妈妈的意见？是否征求老师、同学的意见？"

同时，教育孩子在班上给自己寻找追赶的榜样，看到别人的长处。一个孩子如果能经常这样去想问题，嫉妒心理就会慢慢打消，就能够客观地自我评价，客观地评价别人。

**4. 帮助孩子强化自身的优势**

现实中的人必然是有差异的，不是表现在这方面，就是表现在那方面。一个人承认差异就是承认现实，要使自己在某方面好起来，只有靠自己奋进努力，嫉妒于事无补，而且会影响自己的奋斗精神。

父母如果发现孩子在某些方面不如别人的孩子，不要当面指责孩子不如别人，而应具体帮助他提高这方面的能力。如果有条件，父母可以请一个能力强的孩子来帮助自己的孩子，这样可以提高孩子的能力，而且孩子之间真诚友好的帮助也是克服嫉妒心理的良方。

### 5. 对孩子进行谦虚美德的教育

通常嫉妒较多地产生在有一定能力的孩子身上，孩子往往因为已有能力，但没有受到注意和表扬，因而对那些受到注意和表扬的小朋友产生嫉妒。

所以在纠正嫉妒心理的同时还必须对孩子进行谦逊美德的教育，让孩子懂得"谦虚使人进步，骄傲使人落后"的道理。让孩子明白即使别人没有称赞自己，自己的优点仍然存在，如果继续保持自己的长处，又虚心学习别人的长处，自己的才干就会更强，就会真正地长久地得到大多数人的喜爱。

### 6. 引导孩子树立正确的竞争意识

有嫉妒心理的孩子一般都有争强好胜的性格。父母要引导和教育孩子用自己的努力和实际能力去同别人相比，竞争是为了找出差距，更快地进步和取长补短，不能用不正当、不光彩的手段去获取竞争的胜利，把孩子的好胜心引向积极的方向。

父母应设法将孩子的嫉妒心转化为竞争的动力，即让孩子把注意力放在"怎样超过别人"上。教育孩子贬低别人并不能抬高自己，落后的原因不在于别人，而在于自己，以积极的努力缩短实际存在的差距，最终化解内心的不平衡。

父母千万不能用贬低孩子所嫉妒的对象的办法来减轻孩子的嫉妒心理，那样会导致孩子过多地去看别人的不足而放弃自己的努力。

## 让孩子明白1＋1＞2的道理

一个老国王有七个儿子，但他们总是不合，经常为了这样那样的小事争吵。一些奸臣企图挑拨七兄弟的关系，以便等到他们的父王死后可以夺取王位。

老国王知道了这个阴谋。一天，善良的老国王把七个儿子都叫到跟前，指着放在他们面前捆在一起的七根木棍说："谁要能把这捆木棍折断，就能得到王位。"

每个人都想得到王位，都使出了全身的力气去折那捆木棍，脸憋得通红，但没有一个人能把那些木棍折断。

"孩子们，其实要折断这些木棍很简单，我现在老了，但是即使像我这样的人都能折断这些木棍。你们看！"老国王说着，将木棍捆儿打开，很轻松地将它们一根一根地折断了。

儿子们这才恍然大悟。"这样做太容易了，如果这样，每个人都能做到。"儿子们说。

他们的父亲这才说出了真正想说的话："我的孩子们，其实你们就像这些木棍，只要你们团结在一起，互相帮助，你们就会很强大，任何人都不能够伤害你们。但是如果你们分开，任何人都能把你们一个一个地折断。我就像捆这些棍子的绳子，活着的时候还能把你们捆在一起，但是我就要离开你们了，离开了捆绑你们的绳子，你们还能团结在一起、互相帮助吗？"老国王语重心长地说。

儿子们终于明白了父王的良苦用心，七双手紧紧地握在了一起。看到儿子们这样团结，老国王放心地离开了这个世界。

生存是一门艺术，它的第一法则就是合作。一个人的力量是微薄的，而团结与合作能够聚集强大的力量，完成个人所不能做到的事情。一个懂得合作精神的人，更容易适应这个社会，并发挥积极作用；不懂合作的人在生活中会遇到许多麻烦，产生更多的困难并且无所适从。与人合作的能力已成为当今世界人才的重要素质之一。目前由于孩子中独生子女数量大大增加，任性、脾气大、与人合作能力差成为孩子中大多数人心理品质上的弱点。

父母应该如何培养孩子主动参与合作的习惯呢？

### 1. 告诉孩子，要学会生活，必须先学会合作

每年秋天，大雁都要飞到南方去过冬，它们往往排成整齐的 V 字形，在天空中飞行。科学家研究得知：列队飞行，整个雁群飞行的路程非但不会缩短，反而要比单只大雁飞行的距离长73%。那它们为什么还要这样飞行呢？

科学家们进一步研究得知，当一只大雁拍击翅膀时，就会为后面的大雁制造上升气流。当领头的大雁疲劳时，就会轮换到 V 字形队伍的尾部，让另一只大雁占据领头的位置。后面的大雁发出"呷呷"的叫声，给前面的大雁鼓劲。大雁无论何时掉了队，马上就会感到独自飞行的阻力，很快会回到队伍中来。甚至，当一只大雁由于生病或受伤而掉队时，会有两只大雁随它一起飞落

到地上，帮助和保护它，直至受伤的大雁伤势好转或死去。然后，它们会加入新的雁群，或者组织自己的队伍去追赶前面的雁群。

对于大雁来说，互相合作已不仅仅是一种精神，更是一种生存的技巧。在人类的生活中也一样，如果能够学会与人合作，肯定会大大提高办事的效率。

要学会生活，必须先学会合作。在合作的过程中，你会渐渐学会如何协调自己与他人的利益，使得整体活动得以顺利进行。所以，做父母的应该尝试着培养孩子与朋友、同学甚至陌生人为了同一个目标而合作。告诉孩子，团结的力量可以战胜一切。

**2. 使孩子体验到"单独奋斗"的挫折感，明白合作力量大的道理**

一个人无论多有才能，其能力总是有局限的。有一位妈妈为了让孩子明白这样一个道理，就引导孩子做了这样一个游戏。

妈妈先让孩子伸出自己的小手，分别谈一谈每根手指头的优势和长处。孩子说："大拇指可以用来赞扬别人，可以按图钉；食指可以指东西，可以挠痒痒；中指最长，可以……"孩子的思维挺活跃，一口气说了不少，爷爷奶奶也在一边及时补充，可谓数尽每根手指的功能。

这个时候，妈妈笑眯眯地递给孩子一个她事先准备好的道具——一个装着一个小玻璃球的杯子。妈妈对孩子说："每个手指都有那么多功能，那么，现在你就用你认为最有本事的那根手指把玻璃球从杯子里取出来！记住，只能用一根手指。"

孩子按照妈妈的要求动起手来。可是，不论他怎么努力，玻璃球就是取不出来，急得小家伙抓耳挠腮。这时，妈妈不紧不慢地说："现在你可以邀请另外一根手指同原先的那一根合作。"于是问题迎刃而解。

这位妈妈的用意在于要使孩子懂得，无论一个人多么有才能，总是有所局限的，总有他无法独立完成的工作，因而合作是必要的。

任何一个人要体现出他的才能，都必须以承认参与者的价值为前提。就好比说一位将军，要施展他的军事指挥才能，就一定要有可供调遣的士兵，还要有作为对手的敌人。也就是说，承认别人就是认可了自身的价值。

合作不是一般意义上的人际交往，而是为了一个共同的目标结成的互助互利的"双赢"关系。在这样的关系中，利他行为是更为基础的要素，自己的成功以帮助别人成功为前提。但是，利他行为不是一个人天然地就能做出的，它需要后天的培养。

日常生活中的很多事是必须两个或两个以上的人配合才能够完成的。为了便于孩子理解，父母可以告诉孩子："在幼儿园，如果每个小朋友各自霸占一小堆积木是堆不出什么好看的造型，而大家合作，充分利用积木，就能共同砌出各种好看新奇的造型。"帮助孩子从某些小失败中理性地分析出原因，有助于孩子体会到合作的必要性。

### 3. 让孩子有成功合作的体验

成功合作的体验是强化孩子的合作意识，养成合作习惯的持久的内部刺激物。它使孩子们在没有大人督促，没有规则要求的情况下，因为能够预见到美好的前景而持续地参与合作。需要指出的是，成功合作不是一定要达成现实的目标。尽管有的合作最终还是失败了，但合作的过程是令人愉快的，参与者都已经尽力而为，从客观上说大家其实都有所收获，这样的合作仍然是成功的合作。

### 4. 教会孩子参与合作的技能

合作，意味着参与者的个性要服从集体的"共性"，意味着参与者必须约束自己的表现欲以求得整体"合力"的最大化。合作需要有爱心的付出，需要牺牲精神，还需要人际交往的技能。如果缺乏这些素质，合作便是不愉快的，也是不能持久的。在合作中的参与者如果各自心怀局部利益，不愿意尽自己的那一份义务，那么必定不能达成现实的目标，更谈不上成功合作。

梭子鱼、虾和天鹅，想把一辆小车从大路上拖下来。三个家伙一起负起了沉重的担子，它们用足劲儿，身上青筋暴起，但是无论它们怎么拖呀拽呀，小车还是在老地方一点儿也没有移动。

这并不是因为小车太重，而是另有缘故：天鹅使劲往上向天空提升，虾一步一步向后倒退，梭子鱼又朝着池塘拉去。

这个寓言说明，任何一种事物都是由许多相互联系、相互制约的要素组成的，当各种相互作用、相互依赖的要素彼此协调、合作、同步一致地向同一目标运动时，就会形成整体合力，就会产生大于各个要素孤立相加的力量。而当他们互不合作，各自往相反的方向作用时，则会产生小于单个的力量。人们生活在一个普遍联系的世界，科学技术和信息网络已经把地球的每一个角落都纳入整体。可以这样说，每一个孩子的成功都取决于和别人打交道的程度。是否习惯于与他人交往、同他人合作，在很大程度上决定了孩子的发展空间。

### 5. 让孩子学会悦纳别人

所谓悦纳别人，是指自己从内心深处真正愿意接受别人。合作是双方长处的珠联璧合，也是双方短处的相互遏制，只有欣赏对方的长处，合作才会有真正的动力和基础。

现在很多孩子习惯于吃"独食"，从心理上排斥别人，不愿与其他小朋友合作。父母要让孩子明白，每个人都有长有短，而合作却能够取人之长补己之短。从而使孩子明白，为什么有时候 $1+1>2$ 的道理，让孩子真心愿意与人合作。

## 学会自己经营"朋友圈"

合作是现代人的一项基本素质与品格。如果一个人不能与人真诚合作，他就不可能成功。

合作不是一般意义上的人际交往，而是为了一个共同的目标结成的互助互利的双赢关系。一般来说，有交往与合作习惯的人，在心理学上被认为是外向的人。外向的人往往能够自觉地与人交流，做事的时候也喜欢询问他人，获得他人的帮助。但是，外向的性格并不是天生的，这种性格是可以后天培养的。

那么，怎样来培养孩子与人合作的能力呢？

### 1. 让孩子懂得与人合作的重要性

在日常生活中，有许多事情必须要两个或两个以上的人一起合作才能完成，只靠一个人的力量是无法做到的。父母可以利用这种机会让孩子体验一下个人无法完成的挫折感，从而懂得与人合作的重要性。

### 2. 让孩子体验合作的乐趣

成功的合作可以让孩子产生良好的体验，这种体验能够带给孩子无穷的乐趣，进而促进孩子的合作意识和合作行为。

### 3. 让孩子与同伴交往

让孩子有足够的时间与同伴在一起，他们可以一起交谈，一起分享玩具，一起做游戏，一起出去玩耍，一起做作业。父母要知道，孩子们应当有他们自己的生活，如果孩子不喜欢与别的孩子交往，父母就更要有意识地鼓励他（她）与同伴接触、交往。如果父母和老师因为怕孩子学坏而过多地干涉，甚至禁止他们的交往，那就无异于因噎废食，因为这种交往是孩子获得合作的能力与情感体验的最基本的条件，它有利于养成合群性，消除孩子执拗或孤僻的倾向。

### 4. 让孩子与同伴共同承担一定的任务

想要提高孩子的交往水平，可以让孩子与同伴分担一些任务，并通过力所能及的活动努力完成它。有时，对于一些复杂的任务，可以进行必要的分工，但必须保证他们活动的相互牵制性，以便他们通过必要的主动交往与协调达到总体任务的完成。否则，合作就会变成单干，不利于培养合作精神。另一个需要注意的是，一旦交给了他们任务，就要鼓励他们独立完成，即使遇到困难或者发生争执，只能提供咨询，而不要越俎代庖，代替他们完成任务。

### 5. 鼓励孩子独立解决与同伴交往中的矛盾和问题

这样做是进一步提高孩子的合作能力所必需的。孩子在交往中遇到矛盾是不可避免的，如果学不会妥善解决这些矛盾，就永远学不会合作。而且善于解决交往矛盾，是高水平的合作与交往能力的标志。因此，孩子交往时遇到矛盾与问题时，不要回避，也不要代为解决，而要鼓励孩子独立解决，最多也只能提些建议。培养孩子独立解决矛盾能力的主要途径，是让孩子迎着矛盾去主动交涉，而不是闭门思过，也不是回避或拖延。有的孩子只喜欢和一种同伴交往，而不肯和其他同伴交往，这种过于挑剔的交往倾向实际上就是回避交往的困难与矛盾。对于这种孩子更应有意识地引导、鼓励，设法使其体验到交往中解决矛盾的成功与满足感，从而乐于学会和各种人交往。

### 6. 让孩子知道竞争和合作是可以同时存在的

现在的孩子一般都是独生子女，一般在家里不会有人跟他争什么东西，父母也通常不会对他的言论提出什么不同的意见。但是在家里以外的地方，比如学校，就出现了竞争者和反对者。这样，孩子就认为反对他以及和他竞争的同学是不会成为合作对象的。所以父母要及时教育孩子端正他的竞争心理。竞争目的主要在于实现目标，而不在于反对其他竞争的同学。父母要教孩子把其他同学作为学习上的竞争对手，生活上的合作伙伴，千万不可一味地把他人当成竞争对手和敌人，不顾一切地对立他人。这种思想是不健康的。同时，父母要教给孩子与人合作的技能，教育孩子考虑集体的利益，学会在关键时刻要约束个人的行为，牺牲个人的利益。如果孩子缺乏这种意识或者精神，与人合作是不可能成功的。

能让孩子很好地和别人合作，前提是孩子必须具有和人合作的能力。那么，怎么样才能让孩子具有和人合作的能力呢？

### 1. 给孩子创造一种良好的家庭气氛

如果一个孩子生活在一个整天争吵不休的家庭里，是很难让他具有和谐的人际关系的。父母一定要把家庭成员之间的关系处理得恰当、合理。对邻居、对来客都要热情、平等、谦虚、有礼貌。这样，孩子就会以父母为楷模，逐步养成尊重别人、爱护别人的良好品德。

### 2. 树立平等观念

想要让孩子在平等的原则上为人处事，就要让孩子明白，不管对谁或是对什么事情都应树立平等的观念。要让孩子懂得，在人格上，人和人之间永远是平等的。不管碰到什么事情都要无私地对待，要言而有信。只有这样做，人与人之间才能互相信赖、和睦相处。特别是要教育孩子严于律己，宽厚待人，尊重他人。

### 3. 要让孩子多参加集体活动

有一些孩子常常会"以自我为中心"，这些孩子很难融入集体的生活中，也很难和同龄的小伙伴和睦相处。但是，当他们碰了几次钉子之后，就会慢慢改变这种"以自我为中心"的行为。可能是因为在经历了几次碰钉子的事情后，意识到了在集体活动中一定要想到别人。所以，父母要让孩子多参加一些集体的活动，这样会让孩子在活动中获得与他人相处的经验，在以后和别人的合作中孩子才不至于犯"以自我为中心"的错误。

### 4. 保证孩子受锻炼的机会

孩子从小在家庭中学到的知识、培养的精神，都会渗透到他们的性格中去，并且会在长大后带入社会。一个懂得合作精神的孩子会很快适应工作岗位的集体操作，并发挥积极作用；而不懂合作的孩子在生活中会遇到许多麻烦，产生更多的困难，而无所适从。

## 以友爱的精神对待所有事物

对于那没有理性的动物和一般的事物和对象，由于你有理性而它们没有，你要以一种大方和慷慨的精神对待它们。而对于人来说，由于他们有理性，你要以一种友爱的精神对待他们。不要困窘于你将花多长时间做这事，因为即使如此花去三小时也是足够的。

一个人做适合于一个人做的工作对他就是满足。那么适合于一个人做的工作就是：仁爱地对待他的同类。

正如《沉思录》中所描述的那样：宇宙中有理性的事物如人存在则是为了彼此而存在的，因此人的结构中首要的原则就是友爱原则。这是宇宙赋予人类的本性。而我们的原则也就是要按照自己的本性生活，做本性要我们做的一切。如果一个人连自己的同类都不爱，缺乏最起码的同情和怜悯之心，他就没有资格做人。

而对于那些没有理性的动物和其他一切事物，因为它们是宇宙中的低等事物，是为高等事物服务的，我们就更应该用一种慷慨友善的精神对待它们，就像弘一大师一样。

有一次，弘一法师到丰子恺家。丰子恺请他坐在藤椅子里。他没有立即就座，而是先把藤椅子轻轻摇动，然后才慢慢地坐下去，开始时丰子恺心中好奇，却不敢多问。后来见他每次都如此，丰子恺忍不住问了一次。弘一法师回答说："这椅子里头，两根藤之间，也许有小虫伏着。突然坐下去要把它们压死，所以先摇动一下，慢慢地坐下去，好让它们走避。"

人类理应爱与我们息息相关的生命现象，爱这个丰富多彩的世界，爱这个统一和谐的大自然。

1944年冬天，德国纳粹终于被苏军赶出了苏联国土，数以百万计的德国兵成了俘虏。在莫斯科的大街上，每天都有一队队的德国战俘面容憔悴地走过。这时，所有的马路都挤满了人。苏军士兵和警察站在战俘和围观者之间。围观者大部分是妇女。她们当中的每一个人，都是战争的受害者，或者是父亲，或者是兄弟，或者是儿子，都死在了战争中，她们每一个人，都和德国人有着一笔血债。

因此，当俘虏们出现时，她们的双手都攥成了拳头，眼中充满仇恨。士兵和警察们竭力地阻挡着她们，害怕她们控制不住自己的冲动。

这时，令人意想不到的事情发生了：

一位满脸皱纹的妇女，穿着一双战争年代破旧的长筒靴。她走到一个警察身边，希望警察能让她接近俘虏。警察同意了这个老妇人的请求。

她到了俘虏身边，从怀里掏出一个用印花方巾包裹的东西。里面是一块黑面包，她不好意思地把这块黑面包塞到了一个疲惫不堪的、眼神中透着绝望的俘虏的衣袋里。然后她转向身后那些充满仇恨的同胞们，平和而慈祥地说："当这些人手持武器出现在战场上时，他们是敌人。可当被解除了武装出现在街道上时，他们就是和我们一样，具有共同外形和共同人性的人。"

老妇人说完这些，就静静地离开了。但空气在那一瞬间似乎凝住了，不一会儿，很多妇女便拥向俘虏，把面包、香烟等各种东西塞给他们。

德国哲学家史怀哲曾说过，"伦理，不仅与人，而且也与动物有关"。动物不是生来的丑角，它们的存在更不是为了人类一己的生活与娱乐。

要知道，无论是野生扬子鳄、大熊猫这样的"国宝"，还是普通的猫狗，它们都是生态环境中的一员，都是人类的朋友。动物的生存环境说到底也是人类的生存环境，从现代科学的成果所知，人与动物乃是一个"生命共同体"的关系，要么同舟共济，要么唇亡齿寒，只有地球生物永恒的多样性，才有人类社会长久的稳定性，只有学会关爱，才能相伴永远。

既然对待动物要这样，那么对于我们的同类我们更要友爱，对朋友，我们要友善相待，对待敌人，我们也切不可以怨报怨。因为不论是朋友还是敌人，他们都是和我们一样是有理性的。